동양상담학 시리즈 ⑫

다산과 상담

이재용 저

Oriental Counseling Series

학지사

동양상담학 시리즈를 펴내며

돌이켜보면 참 오랫동안 한국상담 또는 동양상담에 대한 연구와 논의의 필요성을 느껴 왔다.

처음 상담계에 입문할 때에는 그저 서양에서 들어온 지식을 열심히 섭취하여 상담을 잘하기만 하면 그만이라고 생각했다. 상담의 발상지가 서양이니까 그렇게 하는 게 하나 이상할 것도 없고, 또 상담계에 종사하는 모든 사람들이 그렇게 하니까 아무런 의구심이 들지 않았다. 하지만 시간이 지나면서 조금씩 내가 하는 일에 무엇인가가 빠져 있다는 사실을 눈치 채기 시작했다. 서양 사람들에게서 뽑아 낸 상담 지식을 한국 사람에게 그대로 적용하는 데에 무리가 있다는 점을 알게 된 것이다. 그러니까 그때까지 나는 한국 사람을 미국 사람 대하듯 상담해 왔다. 이런 사실을 알게 되면서 내심 무척 당황하고 부끄러웠다. 한국 사람과 미국 사람

이 모든 점에서 똑같다면 모르되, 그렇지 않다면 맞지 않는 옷을 어색하게 입히려는 우스꽝스런 짓을 하고 있었던 셈이다.

이때부터 나의 고민은 시작되었다. 어떻게 하면 한국 사람들에게 어울리는 상담을 할 수 있을까? 어떻게 하면 한국 사람에게 적합한 상담 지식을 찾아내고 이를 체계적으로 정리할 수 있을까? 어떻게 하면 한국적 문화와 역사와 전통을 반영한 상담 이론을 구성할 수 있을까? 이런 고민 끝에 한국인의 일상생활에 스며 있는 삶에 대한 철학과 사상과 문화적 전통을 뒤져 보자는 생각을 하게 되었다. 이렇게 해서 이 책에 실린 원고들을 하나씩 쓰기 시작하였다. 이때 우연히 이웃나라 일본의 상담학자들도 일찌감치 나와 같은 고민을 하며 일본식 상담을 개발하였다는 사실을 접할 수 있

었다. 모리타 상담과 나이칸 상담은 그들의 치열한 문제의식이 잉태한 일본식 상담론으로서 우리가 한 번쯤 살펴볼 만한 가치를 가지고 있다. 이 책의 제목이 한국상담이 아니라 동양상담이라고 붙여진 것은 일본상담이 포함되었기 때문이기도 하고, 동양사회를 관통하고 있는 유·불·도 삼가의 사상이 주요 주제로 다루어지고 있기 때문이기도 하다.

원래 이 원고 집필을 시작할 때는 한 권의 단행본으로 출판하려고 하였다. 그러나 작업을 하다 보니 앞으로도 이런 작업이 끝없이 이어져야 할 거라는 생각, 그리고 연구가 완성될 때까지 오래 기다리기보다 그때그때 신속하게 연구 결과를 보고하는 편이 나을 거라는 생각이 들었다. 이 시리즈의 첫 원고가 이미 5년 전에 탈고되었다는 점이 이런 생각을 굳히게 했다. 앞으로

이 시리즈가 계속되기를 기대한다. 필자 역시 이 작업을 계속하겠지만, 한국상담과 동양상담에 관심 있는 상담학도라면 그 누구라도 이 작업을 이어갈 자격이 있다. 그리하여 앞으로 100권, 200권을 넘어서기까지 이 시리즈가 쌓여 가기 바란다. 감히 말하건대, 이 시리즈 목록의 길이는 한국상담의 성숙도를 보여 주는 바로미터가 될 것이다.

필자는 상담을 전공하는 후학들이 '우리와 우리 것'에 대해 관심 가지기를 간절하게 바란다. 원고를 쓰면서 필자는 우리 역사, 사상, 철학, 문화 속에 상담 정신이 깃든 자료가 그렇게 풍부하다는 데 정말 놀랐다. 그럼에도 이들이 상담학도들의 눈에 띄지 않았다는 사실이 참 이상하다. 다소 늦기는 했지만 이 자료들을 정리하여 현대 상담 속으로 끌어들일 때가 되었다. 외국으

로부터 배울 것은 배우되, 온고지신 하는 마음으로 우리 것을 품어서 한국상담학을 정립해 가는 창조적인 작업에 모두 동참하자.

이 작업을 시리즈물로 기획하자고 제안하신 김진환 사장님 그리고 상담에 대한 깊은 애정을 가지고 정말 꼼꼼하게 교정과 편집 책임을 맡아 주신 최임배 상무님에게 감사의 말씀을 드린다. 앞으로도 좋은 상담책 많이 출판하셔서 한국 상담계의 발전에 큰 몫을 담당해 주시기 바란다.

청주 원봉산 자락에서, 박성희

〈동양상담학 시리즈〉를 펴내기 시작한 이후 처음으로 내가 아닌 다른 사람의 단독 저술이 이어지게 되어 감회가 새롭다. 더구나 사랑하는 제자가 성장하여 어느덧 책을 내는 것을 보니 앞날이 기대된다. 부디 이재용 군이 앞으로 연부역강(年富力强)하게 성장하여 한국상담의 대들보가 되기를 기원한다.

박성희

머리말

  가장 한국적인 것이 가장 세계적이란 말이 있다. 이 말은 우리의 사상과 전통이 담긴 것은 그 나름의 가치와 의미가 있다는 것이다. 그렇다고 해서 우리 주변에 있는 한국적인 것들이 그 존재만으로 가치와 의미를 지닌다는 것은 아니다. 한국적인 것이 나름의 가치와 의미를 지니고 세계적인 것으로 거듭나기 위해서는 많은 노력이 필요하다. 우리의 것에 대해 깊은 관심과 뜨거운 애정을 가지고, 그 안에 담긴 가치와 의미를 드러내기 위한 열정과 노력이 뒷받침되어야 우리의 것이 진정 세계적인 것으로 발돋움할 수 있는 것이다.

  우리의 고전(古典)을 대할 때도 마찬가지다. 오랜 시간 동안 우리의 사상과 정체성을 담아 온 고전을 다양한 시각으로 바라보며, 현대적으로 새롭게 창조하는 작업은 매우 중요하다. 특히 고전은 바라보는 관점에 따라서 다양하게 재창조될 수 있다. 누가 어떤 관점으로 고전을 이해하고, 그 안에 담긴 의미를 어떻게 활용하느냐에 따라 고전은 얼마든지 새로운 모습으로 세상에 나타날 수 있다. 다시 말하면 고전이라는 훌륭한 재료를 어떤 방식으로 요리하느냐에 따라 얼마든지 새로운 맛을 보여 줄 수 있다는 것이다. 그래서 지금부터 우리의 고전이라는 재료를 현대 상담학에 적용하여 새로운 음식으로 만들어 보고자 한다. 우리의 고전이 상담을 만나서 어떤 새로운 맛을 낼 것인지 상상만으로도 즐겁다.

사실 현대 상담학의 주된 재료는 서양의 것이었다. 우리가 그동안 맛본 상담학의 대부분은 서양의 사상을 중심으로 만들어졌기에 우리 몸에 딱 맞는 음식이라고 할 수 없었다. 우리가 알고 있는 서양의 상담학적 지식을 우리의 상황에 그대로 적용시킬 수 없었던 경험을 떠올린다면 쉽게 이해할 수 있다. 그런데 우리에게 맞지 않는 서양의 맛, 서양의 상담학적 지식에 너무 오래 길들여진 나머지, 우리 본래의 맛인 동양의 사상으로 만들어 낸 상담학적 지식이 오히려 낯설게 느껴질 수 있다. 사실 익숙하지 않은 한자어로 가득 찬 형이상학적 개념들을 분명하게 이해하기란 쉬운 일이 아니다. 하지만 수천 년 동안 이 땅에 녹아내린 고전의 진수(眞髓)는 분명 우리도 모르는 사이에 마음 깊은 곳에서 고요히 흐르고 있기 때문에 우리는 자연스레 동양상담학의 매력에 빠져들 수밖에 없다.

자, 그렇다면 이제부터 우리의 고전, 동양의 사상으로 만들어 낸 상담학적 지식을 맛보도록 하자. 이미 박성희가 기획하여 2007년부터 출간된 〈동양상담학 시리즈〉를 통해서 불교, 선문답, 논어, 퇴계, 도덕경, 동사섭 등의 다양한 재료로 동양상담학의 맛을 소개한 바 있다. 최근 동양사상에 대한 관심이 높아진 분위기 속에서 서양의 상담학자들도 동양의 사상 속에서 상담학적 지식을 찾고 있는데, 대부분은 불교나 요가, 명상 정도만이 동양상담의 전부로 이해되고 있다. 이런 상황 속에서 앞서 언급한 동양상담학 시리즈는 동양상담, 한국상담의 새로운 맛을 보여 주며 현대 상담학의 새로운 방향을 제시하고 있다.

필자는 여기에 다산(茶山) 정약용이라는 새로운 맛을 더해 보았다. 우리 역사 속의 위대한 학자로 기억되는 다산의 수많은 고전 속에서 오늘날 우리에게 의미 있는 상담학적 지식을 찾아내어 현대 상담학에 담아 보았다. 이 책은 다산의 학문 세계를 철학적 차원에서 완벽하게 이해하고 소개하는 것보다는, 다산의 사상에 담긴 소중한 상담학적 지식을 꺼내어 오늘날을 살아가는 우리에게 도움을 주기 위함이다. 특히 다산이 보여 준 인간의 심(心)과 성(性)에 대한 깊은 이해와 통찰은 인간의 바람직한 변화와 성장을 바라는 현대 상담학과 너무나 깊은 조화를 이룬다. 필자가 이 책에서 언급한 내용 외에도 다산의 사상에 무궁무진한 상담학적 지식이 담겨 있음을 확신하며, 상담을 공부하는 많은 이들과 함께 지속적인 관심을 가지고 꾸준히 연구되기를 바란다. 다산이라는 높은 산에 한 걸음 내딛을 수 있도록 용기를 주고, 따뜻한 애정과 관심으로 지도해 주신 박성희 교수님께 진심으로 감사드린다.

이재용

차례

• 동양상담학 시리즈를 펴내며 _ 3

• 머리말 _ 9

1 다산과 상담: 왜 다산인가 _ 15

2 다산의 심성론 (1):
심(心)개념을 통한 마음의 이해 _ 21

3 다산의 심성론 (2):
성(性)개념을 통한 마음의 이해 _ 37

4 다산이 본 마음의 구조와 작용 _ 53

5   다산과 마음 수양 _ 61

6   다산의 수양론 (1):
마음을 다스리는 수양법 _ 69

7   다산의 수양론 (2):
마음을 간직하는 수양법 _ 83

8   다산의 자기 성찰적 상담 _ 93

9   다산의 상담법 (1):
자기 안에서 성찰하기 _ 123

10   다산의 상담법 (2):
관계 속에서 성찰하기 _ 153

11   맺음말 _ 173

• 참고문헌 _ 177

1

다산과 상담: 왜 다산인가

　오랜 세월 동안 사람들의 생각이 담겨진 고전은 상담의 좋은 재료라고 할 수 있다. 특히 고전 중에서도 성리학(性理學)은 인간, 심성, 수양 등을 다루고 있어 상담의 더없이 좋은 재료이며, 반가운 만남이 아닐 수 없다. 사실 성리학을 그저 고리타분한 옛 사상으로 생각하고 현대 상담학에 어떤 의미를 줄 수 있을지 의아해할 수 있다. 성리학의 사회윤리적인 사상이 오랜 세월에 걸쳐 우리의 사상과 정체성에 영향을 주었다는 사실을 알고는 있지만, 그것이 과연 오늘날 우리에게 어떤 의미를 가지며 삶의 방식에 어떤 변화를 가져오게 하였는지는 잘 모르고 있다. 단순히 성리학은 삼강 오륜(三綱五倫)을 말하고 공자(孔子), 맹자(孟子)를 논하는 고리타분한 학문으로 여기며 관심조차 가지지 않았다고 보는 게 맞을 것이다. 이는 우리가 성리학을 전체가 아닌 일부분에 치우쳐서 보았기 때문이다.

성리학은 사회윤리뿐 아니라 우주론, 형이상학, 심성론을 포괄하는 광범한 사상 체계다(박성희, 2007). 성리학의 광범한 사상 체계 중에서도 심성론(心性論)은 심(心)과 성(性)의 의미를 밝히고, 마음의 속성과 구조, 작동 방식을 구체적으로 설명하고 있는 학문 영역이다. 또한 성리학 전반에 걸쳐 마음의 변화와 성장에 관한 다양한 수양의 방법들이 구체적으로 제시되고 있다. 이는 심성론과 더불어 마음에 관한 의미 있는 가르침을 제시하는 수양론(修養論)으로 정리될 수 있다. 심성론과 수양론은 사람의 마음을 이해하고 변화시키는 상담의 원리와 매우 유사한 특징을 지닌다. 성리학의 심성론과 수양론에 담긴 의미를 살펴보고, 상담이 다루고자 하는 인간과 마음의 문제에 밀접한 요소들을 추출하여, 상담학적인 관점으로 접근해 간다면 현대 상담에 의미 있는 시사점을 찾아낼 수 있다. 이는 우리가 그동안 외면해 왔던 성리학을 이제부터 새롭게 바라보아야 할 중요한 이유이며 목적이다.

성리학은 오랜 세월 동안 여러 학자들에 의해 다양하게 연구되었다. 퇴계 이황(退溪 李滉)은 물론이고 율곡 이이(栗谷 李珥), 고봉 기대승(高峯 奇大升), 혜강 최한기(惠岡 崔漢綺), 다산 정약용(茶山 丁若鏞) 등 이루 헤아릴 수 없을 정도로 많은 학자들이 마음에 대한 논의에 참여하여 풍성한 결과를 양산해 내었다(박성희, 2007). 특히 다산은 18, 19세기 한국 사상을 대표하는 실학의 집대성자로서 조선유학사에는 물론 한국사상사 전체를 통틀어 개인으로서는 가장 중요한 인물의 하나에 해당한다(고려대학교 민족문화연구원 한국사상연구소, 2001). 따라서 다산의 사상을 이해하고 새로운 학문적 영역에 적용하여 발전시키는 연구의 가치는 매우 크다고 볼 수 있다. 현재 다산이 남긴 수많은 학문적 성과들은 이미 다양한 분야에서 연구되고 있다. 정치,

경제, 과학, 농업, 문학 등의 폭넓은 다산의 연구들은 오늘날에도 학문적 가치를 높이 인정받고 있다. 특히 다산이 연구한 심학(心學)은 서양의 것과는 구분되는 독창적이며 새로운 방식으로 마음에 관한 훌륭한 설명과 해석을 보여 주고 있다. 기존의 서양식 상담학에서 정의하고 있는 마음의 정의나 작용과는 다른 동양적, 성리학적 차원의 정의는 인간의 마음을 보다 넓고 깊이 있게 이해하는 기회를 제공할 것이다.

다산은 오랫동안 내려온 기존의 성리학적 심성론 체계를 새롭게 인식하여 자신만의 고유한 마음의 구조와 작용으로 제시하였다. 상담학 연구의 중요한 목표 중에 하나인 마음이란 무엇이고 어떻게 작용하는지에 대한 해답을 다산의 심성론을 통해서 새롭게 이해해 볼 수 있다. 또한 사람이 어떻게 변화하고 성장하는가 하는 상담학 연구의 중요한 핵심에 대하여 다산의 수양론이 새로운 방향을 제시할 수 있다. 다산은 심성론을 통해서 깨달은 마음의 구조와 작용을 토대로 인간의 변화와 성장을 위한 수양론을 보여 주었다. 다산의 수양론에는 사람의 마음을 다스리고 간직하는 방법을 다루고 있는데, 이 안에는 무수히 많은 상담학적 지식이 담겨 있다. 이를 현대 상담학적 관점에서 재해석하여 적극적으로 활용한다면 오늘날을 살아가는 우리에게 꼭 필요한 변화와 성장의 힘이 될 것이다.

다산에 관한 연구들을 살펴보면 볼수록 마음에 관한 중요한 통찰을 얻게 된다. 심성론과 수양론에 관한 다산의 연구 외에도 다산이 남긴 수많은 시, 편지, 산문 등의 저술 곳곳에 마음의 변화와 성장에 관한 소중한 가르침이 담겨 있다. 다산은 멀리 유배지에 있으면서도 아들을 생각하며 정성 어린 편지를 보내어 몸과 마음을 바르게 간직하고 다스리라고 당부하였다. 이처럼 아들에게 보내는 편지 한 장도 허투루 쓰지 않은 다산이기에 다산의 수많은 저술과 학문적 성과들은 상담학을 연구하는 사람들과 상담을 필요로 하는 모든 이들에게 귀한 보물임이 틀림없다.

방대한 다산의 저술과 학문적 업적 속에서 마음에 관한 다산의 가르침을 찾아내는 일은 더없이 즐거운 작업이었다. 때때로 다산의 사상에 담긴 의미를 현대 상담학적인 관점에서 이해하기가 쉽지는 않았지만, 마음에 관한 다산의 연구를 살펴보는 동안에 나 자신을 차분하게 되돌아보는 기회가 되었다. 그러는 동안 자연스레 변화하고 성장하는 나를 발견하는 기쁨을 누리기도 했다. 다산이 남긴 마음에 관한 따뜻한 가르침이 오늘을 살아가는 우리들의 마음을 더 건강하게 변화하고 성장시킬 것을 믿으며, 지금부터 다산과 상담의 이야기를 시작해 본다.

2

다산의 심성론 (1):
심(心)개념을 통한 마음의 이해

　마음에 관한 논의는 동서고금을 막론하고 매우 활발하게 이루어져 왔다. 특히 다산의 마음에 관한 논의는 매우 인상적이다. 개인 인격 수양, 가족 관계, 교우 관계, 공동체 생활, 국가관 등 모든 영역에 걸쳐 폭넓게 다루는 다산의 마음에 관한 논의는 오늘날에도 매우 의미 있게 고찰해 볼 수 있다. 다음은 다산과 문산 이재의(文山 李載毅)가 주고받은 편지의 일부인데, 마음에 관한 다산의 생각을 엿볼 수 있다.

"사람이 사람 되는 까닭은 마음일 뿐이다.

마음을 인식하면 사람이 되고, … 마음을 다스리면 사람
이 된다."

〈茶山과 文山의 人性논쟁, 1996〉

　　다산철학이 추구하는 중심과제는 인간존재를 새롭게
인식함으로써 인간과 세계의 관계를 새롭게 이해하고,
이를 통해 인간적 가치질서를 새롭게 구축하고자 하는
것(금장태, 2001)이다. 다산은 인간존재에 대한 통찰을
하고 있으며, 인간존재를 새롭게 인식하기 위해서 인
간존재의 가장 기본적인 문제인 마음의 문제에 관심을
기울이고 있다. 위 글에서 다산은 사람에게 있어서 마
음을 분명하게 인식하고 올바르게 다스리는 일이 얼마
나 중요한지를 보여 주고 있다. 마음은 사람이 사람으
로서 존재하는 이유이며, 마음을 인식하고 다스림으로
써 살아가는 의미를 지닌다는 것이다. 다산은 사람의
마음을 인식하고 다스리는 것에 관한 깊이 있는 통찰
을 보여 주는데, 심성론과 수양론이 바로 그것이다. 다

산의 심(心)개념과 성(性)개념에 대한 이해를 시작으로 다산이 사람의 마음을 인식하는 방식에 대해 알아보자. 우선 이 장에서는 심이 무엇으로 이루어졌고, 어떻게 작용하는지를 집중해서 살펴보도록 하자.

1. 심(心)

다산은 인간을 신체와 정신이 오묘하게 결합되어 있는 존재로 보았다. 다시 말해 몸과 마음은 분리된 것이 아니라 통합되어 있다는 것이다. 몸과 마음을 구분하여 인식할 수는 있지만 인간을 올바르게 이해하기 위해서는 결국 몸과 마음을 하나의 통합체로 바라보아야 한다는 입장이다. 또한 다산은 마음을 단순하게 하나의 체계로 규정지어서는 안 된다고 보았다. 이는 마음을 통합적이고 복합적인 존재로 이해해야 함을 강조한 것이다. 다산은 인간존재를 보다 구체적이고 체계적으로 이해하기 위해서 마음의 구성요소를 분석하고 마음의 작용 방식을 자세히 살펴볼 필요가 있다고 하였다.

다산은 마음이란 인간존재에서 형체가 없는 부분을 가리키는 것으로서 허령(虛靈)한 속성과 지각(知覺)이 작용하는 것이라 정의하였다(금장태, 2001). 허(虛)는 보이는 형체가 없다는 것이고, 영(靈)은 마음이 지각하는 능력을 말한다. 마음은 보이지는 않지만 움직이며 작용하는 능력이 있다는 것이다. 따라서 다산은 마음을 하나의 용어로 규정하거나 고정시키지 않았다. 흔히 마음을 가리키는 말로 심을 들 수 있지만, 다산은 심 외에도 신(神), 영(靈), 대체(大體), 법신(法身) 등 여러 가지 명칭을 제시하였다. 이는 앞서 언급한 것처럼 다산이 마음을 다양하고 복합적인 것으로 이해하고 있음을 보여 준다. 사람의 마음을 하나의 정의로 규정하지 않고, 다양한 측면으로 이해하려는 태도는 상담학적 태도와 크게 다르지 않다.

상담에서도 사람의 마음은 단순히 몇 가지로 규정되지 않고, 복잡한 마음의 구조와 작용이 일어나고 있다고 본다. 복잡한 마음의 구조와 작용은 많은 사람들이 마음의 문제로 고민하거나 어려움을 겪게 되는 중요한 이유다. 이때 마음을 바르게 인식하고 마음의 움직임을 세밀하게 볼 수 있다면 여러 가지 마음의 문제를 해결하는 데 큰 도움을 얻을 수 있다. 다산이 마음을 바라보는 세 가지 유형에 대해 살펴보면서 보다 자세하게 마음의 구조와 마음이 작용하는 방식을 알아보도록 하자.

다산은 마음을 정의하는 말 가운데 가장 많이 쓰이고 있는 심을 오장(五臟)의 하나인 마음, 영명(靈明)한 마음, 그리고 발현(發顯)된 마음 세 가지 유형으로 구분하였다. 첫 번째는 오장의 하나인 마음이다. 이것은 우리 신체기관 중 심장을 나타낸다. 오장의 하나인 마음은 눈에 보이는 유형한 존재이며, 사람이나 동물이 모두 가지고 있는 마음으로 가장 기본적이며 기초적인 수준의 마음 상태를 의미한다.

두 번째는 영명한 마음으로 이것은 인간의 주체적인 마음을 말한다. 영명한 마음은 오장의 하나인 마음을 넘어서 보이지 않지만 스스로 작용하는 지각 능력을 지니고 있으며, 만물과 긴밀하게 상호작용하는 마음이다. 영명한 마음은 오장의 하나인 마음을 토대로 작용하지만, 인간이 동물과는 구별되는 고유한 생명적 실체임을 보여 준다.

세 번째는 발현된 마음인데 이는 영명한 마음이 다양한 형태로 드러나는 현상이다. 다산은 오장의 하나인 마음과 영명한 마음은 하나의 존재이지만 발현된 마음은 무수히 많을 수 있다고 하였다. 다산이 구분한 마음의 세 가지 유형을 나무에 비유하여 그림으로 나타내 보았다.

다산의 마음을 나무로 묘사한 이 그림을 보면, 오장의 하나인 마음은 나무의 뿌리와 같고, 영명한 마음은

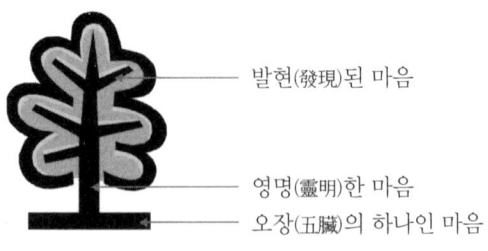

그림 1 다산의 마음 나무

나무의 기둥이라 할 수 있고, 발현된 마음은 나무의 가지라 할 수 있다. 나무가 뿌리를 통해서 물과 양분을 흡수하며 성장하듯이 사람도 오장의 하나인 마음에서 에너지를 채운다. 하나의 기둥이 점점 자라면서 수많은 가지로 뻗어 나가는 모습은 영명한 마음이 점차 커지면서 마음속에 다양하게 발현된 마음의 모습과 같다. 사람의 마음 안에는 생명적 존재의 마음이 아래에 넓게 자리 잡고 있으며, 사람만이 지닌 본질적 마음이 하나의 큰 기둥으로 자라나고, 이 본질적 마음은 다양하며 구체적인 모습의 마음으로 무수한 가지를 뻗어 나간다.

  우리가 집중하여 바라볼 것은 영명한 마음이 어떻게 자라나며, 영명한 마음에서 뻗어 나간 발현된 마음이 어떤 구조와 양상을 보이느냐다. 이 과정을 잘 이해하게 되면 사람이 가진 마음의 구조와 구조 간의 상호작용을 알 수 있으며, 이를 통해 마음을 다스리고 간직하는 효과적인 방법을 찾아낼 수 있다. 다산은 이 과정을 매우 구체적이며 복합적으로 바라보았다. 다산은 마음을 하나의 실체가 아닌 다양한 실체가 상호작용하는

복합적 실체로 보았다. 이때 마음을 복합적 실체로서
이해하면서 마음 안에서 어떤 일들이 일어나는지 구체
적으로 살필 수 있어야 한다. 마음의 가장 중요한 작용
은 인간 마음의 본체인 영명한 마음이 어떤 방식으로
발현하느냐는 것이다. 또한 발현된 양상들이 서로 어
떻게 작용을 하며, 사람의 감정이나 성품에 어떻게 영
향을 주는지를 알아보는 것도 중요하다. 다산의 심성
론에서 기본적으로 논의되는 발현된 마음의 양상으로
정(情), 의(意), 지(志)가 있는데, 지금부터 각각의 발현
된 마음들이 어떤 구조를 가지고 어떻게 움직이고 서
로 작용하는지 살펴보자.

2. 정(情)

정은 다산 이전의 성리학자들이 예기(禮記)의 칠정
(七情)이나 중용(中庸)의 사정(四情)을 들어 구체적으로
분류하여 설명하였다. 하지만 다산은 정에 대한 기존

의 생각과는 다르게 발현된 마음으로서의 정은 무수히 많아서 몇 가지로 한정하여 구분할 수 없다고 하였다. 감정을 몇 가지로 한정하여 설명하기보다는 무수히 많은 감정이 다양하고 복합적인 모습으로 발현된다고 생각했다. 사람의 감정을 중용(中庸)에서 말하는 희(喜), 노(怒), 애(愛), 락(樂)으로 크게 구분할 수 있지만 이것이 감정의 전부는 아니라는 것이다. 예컨대 기쁨의 감정에도 다양한 원인과 상황으로 인해 다양한 양상의 기쁨이 발현될 수 있다고 보았다. 심지어 기쁨의 감정과 슬픔의 감정이 서로 섞여 나타날 수도 있는 것이 사람의 감정이라고 다산은 정의 의미를 밝히고 있다. 결혼하는 딸을 보며 눈물 흘리는 어머니의 감정은 기쁨, 슬픔, 서운함, 아쉬움 등이 뒤섞여서 복잡하게 발현된 경우로 볼 수 있다.

정의 다른 특징으로 다산은 사람의 감정이 발동하지 않아도 마음에는 지각과 사려의 작용이 일어나고 있다(금장태, 2001)고 하였다. 마음속에 발현된 감정이 외부로 드러나지 않아도 이에 대한 마음의 지각과 사려의 작용은 지속적으로 일어나고 있다는 것이다. 흔히 겉으로 드러난 감정에 주의를 기울이기 쉬운데, 마음을 근본적으로 바르게 다스리기 위해서는 드러난 감정뿐만 아니라 발현되지 않은 감정에 대한 지각과 사려의 작용에 집중할 필요가 있다. 따라서 감정이 발동하지 않았지만, 마음을 지극히 공평하고 정대하게 간직하기 위해서는 삼가고 두려워하며 긴장을 유지하는 활발한 마음의 활동이 필요하다(금장태, 2001). 이는 마음속 감정의 변화가 밖으로 드러나기 전에 그 감정을 가만히 살피면서 감정의 움직임에 주목하는 활동의 중요함을 보여 주고 있다.

다산은 사람의 영명한 마음에서 발현된 마음 중 하나인 정은 고정된 것이 아니라 살아 움직이는 구체적인 실체로 보았다. 발현된 감정이 겉으로 드러나지 않더라도 구체적인 실체로서 지각과 사려의 작용이 꾸준히 이루어지고 있기에 이를 적절히 조절하고 바르게 다스리는 일은 매우 중요하다. 특히 다산이 강조했던 것처럼 마음을 삼가고 두려워하며, 긴장을 유지하는 마음의 활동은 현대를 살아가는 모든 이들이 갖추어야 할 삶의 자세다. 이 방법은 자기 자신의 감정을 순간의 기분대로 표출해 내기보다는 스스로를 관조적으로 바라보며 감정의 본질과 움직임을 차분히 파악해 가는 방식이다. 감정의 본질과 움직임을 성찰하고 나서 바르게 유지되도록 스스로가 긴장을 놓치지 않는 것도 중요하다. 이와 같이 발현된 정의 속성이 마음에서 작용하는 방식은 치심(治心)의 수양론에 잘 드러나 있으며, 이는 치심의 과제를 이루기 위한 핵심이 된다.

3. 의(意)

발현된 마음의 또 다른 형태인 의는 마음속에 감추어져 헤아리고 운용하는 것이다. 이는 의를 속마음의 감추어진 생각이라 하여, 밖으로 향하기 이전의 마음속에 감추어져 있는 마음의 작용으로 파악(금장태, 2001)하였다. 의는 발현된 마음이지만 겉으로 드러나지 않은 속성을 지니기에 사(思), 상(想)과는 다른 것으로 구분한다. 생각이나 사고는 마음속에서 발현되어 겉으로 표출되지만 의는 사람의 의지, 뜻, 정신과도 같아서 그 표출됨이 눈에 띄지 않는다.

작용하여 발현하지만 밖으로 나오지 않고 감추어져 있는 상태인 의는 마음속에서 가만히 작용하는 마음의 요소다. 의는 그 변화의 움직임이 크지 않으며 서서히 마음에서 작용한다. 이에 비해 정은 변화의 움직임이 크다고 할 수 있다. 순간마다 변화의 움직임이 큰 정과는 다르게 의는 쉽게 변화하지 않으며 함부로 움직이지도 않는다. 정은 그 변화의 움직임을 다스리는 것이 중요하다면 의는 그 깊이와 위치를 간직하는 것이 중요하다.

마음속의 발현된 양상인 정은 마음을 다스리는 수양으로 기를 수 있다면 의는 마음을 간직하는 수양으로 기를 수 있다. 사람이 가진 의가 바르고 옳은 것이라면 이것이 변하지 않고 단단해지도록 그 깊이와 위치를 굳게 간직하는 마음 수양이 필요하다. 다양한 감정을 다스리는 수양과는 다르게 올바른 뜻을 간직하는 수양을 통해서 마음의 성찰을 이루도록 한다. 감추어진 깊은 속마음의 작용을 참되게 하는 성의(誠意)는 마음을 다스리는 출발점이 되는 것(금장태, 2001)으로 의를 기르기 위한 좋은 수양법이다.

4. 지(志)

다산은 혈(血)과 기(氣)의 작용을 들어서 지를 설명하였다. 다산은 사람이 태어나서 자라고 활동하고 지각하는 과정에서 혈과 기의 작용이 내면에서 지속적으로 일어난다고 보았다. 혈이 거칠며 둔한 속성을 가지는 것에 비해 기는 정밀하며 예민한 속성을 가지기 때문에 기가 혈을 이끄는 역할을 하게 된다. 또한 다산은 지는 기의 장수요, 기가 지의 졸개가 된다(금장태, 2001)는 주자의 생각을 받아들였다. 이는 곧 지는 기를 이끄는 속성이 있고, 기는 지를 따르는 속성이 있다는

것이다. 결국 지는 기를 다스리고 기는 혈을 다스리게
되는 것이다.

혈과 기는 사람이 태어나서 자라고 활동하고 지각하
는 모든 과정에 영향을 미친다. 이와 같은 혈과 기의
작용만을 놓고 보면 인간과 동물의 차이가 크게 드러
나지 않는다. 그런데 인간과 동물의 차이가 뚜렷하게
나타나는 것 바로 발현된 마음인 지의 작용에 의해서
다. 동물과는 다르게 인간은 영명한 마음이 있으며, 여
기서 발현된 마음인 지는 인간이 동물과 같은 혈기를
지녔지만 동물과 다르게 생각하고 행동하게 하는 원동
력이 된다. 지는 내면에서 마음의 방향을 정하고 움직
이게 하는 주체적인 역할을 하기 때문에 동물과 다르
게 마음과 몸의 적절한 조화를 이루며 살아가게 된다.

또한 희(喜), 노(怒), 애(哀), 구(懼)의 감정이 밖으로
드러나는 것도 감정이 발동하여 지가 되기 때문이다.
예를 들면 사람이 기쁨의 감정을 느껴 웃는 표정을 나
타내는 것은 마음에서 기쁨의 감정이 발동하여 지가
되고, 지는 기와 혈을 움직여 몸의 반응, 즉 웃는 표정

을 나타내게 만드는 것이다. 결국 지는 기와 혈을 부려서 마음의 모든 발동을 통제하는 마음의 발동 체계이며, 동시에 인간의 마음을 발동시키는 주체적 양상으로 이해할 수 있다.

다산은 인간의 마음에서 다양하게 발동하는 감정의 모습들이 모두 지의 발동과 연결되는 것임을 주목하고 있다. 지가 기를 다스린다는 것은 바로 마음의 지를 통해 몸의 기를 자유롭게 조절할 수 있다는 것이다. 이와 같은 중요한 역할을 하는 지가 올바르게 작용할 수 있도록 다산은 지를 꾸준히 수양해야 함을 강조하였다. 특히 마음에서 정이 바르게 발현되어 우리의 삶 속에서 바람직한 행동으로 드러날 수 있도록 지를 굳고 단단하게 수양하는 일은 특히 중요하다고 보았다.

지금까지 살펴본 발현된 마음의 정, 의, 지는 다산 수양론의 치심(治心)과 존심(存心)의 중요한 과제다. 사람의 복잡하고 다양한 감정을 올바르게 다스리는 것과 깊게 감추어진 속마음에 바른 뜻을 간직하는 것, 그리고 사람의 마음을 주체적으로 발동하게 하는

체계를 현명하게 유지하는 것 모두가 다산 수양론의
과제이며, 현대 상담에서 필요로 하는 성장과 변화의
핵심이다.

3

다산의 심성론 (2): 성(性)개념을 통한 마음의 이해

다산의 심개념뿐만 아니라 성개념 역시 사람의 마음을 이해하기 위한 중요한 열쇠다. 본래 성리학에서는 성을 성품(性品)의 문제로서 오랫동안 중요한 논의의 대상으로 다루어 왔다. 그런데 다산 이전의 성리학에서는 성을 하나의 형이상학적 존재로 인식하였다. 조선 성리학의 대학자 퇴계의 경우도 이러한 주자학적 성개념과 크게 다르지 않았다. 하지만 다산은 주자학적 성개념과 구분되는 다산만의 성개념을 제시하였다.

1. 성(性)

퇴계는 성을 마음속에 갖추어져 있는 리(理)라고 하였다(박성희, 2007). 하지만 다산은 성을 리와 같은 형이상학적 본체로 본 것이 아니라, 실제적 존재로서 마음의 속성으로 보았다. 성을 마음속에 실제로 존재하며 스스로가 느끼고 지각할 수 있는 구체적인 특징으로 인식한 것이다. 이어서 다산은 성이 선(善)을 기호(嗜好)하는 마음의 속성으로 보았다. 사람은 태어날 때 하늘로부터 영명한 마음을 부여받았고, 성은 그 마음의 기호로서 선을 좋아하고 악(惡)을 미워하는 속성을 가진다고 하였다. 인간은 누구나 선한 일을 하고 나면 심리적 만족감을 느끼지만 악한 행동에 대해서는 수치심을 느낀다는 보편적인 심리적 경험으로부터 다산은 인간의 본성이 내재적 의지로서 선을 지향하는 선천적 경향성이 있다(장복동, 2002)고 하였다. 따라서 성은 실제적 존재로서 선을 기호하는 마음의 속성이다.

다산은 성이 마음의 기호임을 여러 경전의 용어와

일상생활의 언어를 예로 들어 증명하였다. 맹자(孟子), 서경(書俓), 예기(禮記), 중용(中庸)의 경전에 쓰인 성의 용어들이 모두 마음의 기호로 정의되었다고 보았다. 다산은 "맹자가 성선의 이치를 논하면서 기호로써 이를 밝혔고, 공자가 '백성이 떳떳함을 지녔으니, 이 아름다운 덕을 좋아하네.' 라는 시를 인용하여 사람의 성품을 증명하였으니, 기호를 버리고 성을 말하는 것은 옛 법도가 아니다."라고 하여 성기호설이 공자와 맹자에 의해 제시된 성개념임을 강조하고 있다(금장태, 2001). 그리고 다산은 일상생활에서 사람들이 자주 쓰는 말을 예로 들어 성이 마음의 기호임을 설명한다. 가령 사람들이 흔히 '나의 성미는 회 친 고기나 구운 고기를 좋아한다.' 든지, '나의 성미는 음악을 좋아한다.' 는 등의 말들 속에서 성이라는 것이 좋음을 선호한다는 기호의 모습이라고 말하였다.

성에 대한 다산의 생각을 종합해 보면 사람의 마음에는 선한 행동을 하고자 하는 자연스러운 의지가 있어 선한 행동에 대한 만족이나 기쁨을 누릴 수 있으나,

악한 행동을 한 후에는 누구나 느끼는 부끄러운 감정이 나타날 수 있으니 성은 형이상학적 개념이 아닌 우리 삶 속에서 드러나는 실재적인 마음의 속성이다. 이와 같이 성을 근원적 실체가 아닌 마음의 속성으로 보는 입장은 마음의 구조와 작용 방식을 보다 쉽게 이해할 수 있게 하고, 사람의 성품이나 인격에 관한 수양적 측면에 있어서 의미 있는 논의가 이루어지게 한다.

다산은 하늘이 인간에게 부여한 영명하고 형상이 없는 실체를 인간의 마음이라 보았고, 그 마음이 선을 즐거워하고 악을 미워하며 덕을 좋아하고 욕됨을 부끄러워하는 모습을 바로 성이라 하였다. 따라서 다산은 인간이란 하늘로부터 선을 좋아하고 따르는 특징을 부여받은 존재라고 생각했다. 그리고 다산은 인간이 태어날 때 영명한 마음을 하늘로부터 부여받았으며, 인간 존재의 근원적 실체는 심만이 있고 성은 근원적 실체가 아닌 심의 속성일 뿐이라고 하였다. 이는 기존의 성리학적 심성론과 구별되는 특징으로 다산의 심성론의 매우 중요한 특징이다.

이와 같은 다산의 성개념을 이해할 때 보다 주의 깊게 살펴야 할 것이 있다. 성이 선을 기호한다고 해서 모든 사람이 다양한 상황 속에서 언제나 같은 모습의 기호를 보이지는 않는다. 쉽게 말해 누구나 선한 행동을 언제나 하는 것은 아니라는 것이다. 사람이 가진 속성은 선하다고 하는데 왜 이런 일이 생기는 걸까. 다산은 사람마다 선을 기호하는 정도의 차이가 있으며, 기호하는 욕구의 수준도 다르다고 보았다. 성의 기호하는 양상과 단계를 살펴보면서 좀 더 자세히 마음의 속성과 작용 방식을 들여다보자.

2. 성의 기호하는 양상

다산은 성이 기호함을 증명하면서 기호의 양상에도 차이가 있음을 설명한다. 다산은 기호의 양상을 '눈앞의 즐거워함'과 '구경(究竟)의 타고난 성향'으로 구분하여 설명하였다. 눈앞의 즐거워함은 꿩이 산을 좋아하는 것이나 사슴이 들을 좋아하는 것과 같은 감성적 취향으로 설명하였다. 눈앞의 즐거움을 기호하는 것은 순간적으로 이루어지고 금세 변화하는 특징을 보인다. 반면에 구경의 타고난 성향은 벼가 물을 좋아하는 것이나 파, 마늘이 거름을 좋아하는 것처럼 자연성이나 생존 조건이 되는 근본 속성으로 설명하였다. 꿩, 사슴, 벼, 파, 마늘과 같은 동식물의 기호하는 모습처럼 사람에게도 기호하는 모습의 양상이 있다.

사람이 어쩌다 선한 행동을 하여 기분이 좋아졌다가 우연히 악한 행동을 하여 다시 기분이 나빠지는 모습은 눈앞의 즐거워함을 기호하는 것이다. 사람은 선을 기호하는 특성이 있기 때문에 선한 행동을 하여 즐겁고 보람된 마음이 들지만, 이를 꾸준히 지속시키기 어려운 것은 감성적 취향인 눈앞의 즐거워함으로 기호하기가 쉽기 때문이다. 많은 사람들이 바른 행동을 하다가도 우연히 바람직하지 못한 행동으로 인해 금세 기분이 나빠지는 경우도 마찬가지다. 이것이 바로 성(性)이 눈앞의 즐거움을 기호하는 모습이다.

반면에 구경의 타고난 성향으로 성을 기호하는 모습은 오래도록 선을 쌓고 의로움을 모아 마음이 넓어지고 몸이 편안해지며 호연지기(浩然之氣)가 길러져 순간의 행동에 흔들림이 없는 상태다. 이 상태가 지속적으로 유지가 되면 눈앞의 부유함이나 위엄, 권력, 무력도 굴복시킬 수 없는 온전한 덕을 갖춘 인격에 이른다. 단, 구경의 타고난 성향으로 성을 기호함은 바로 눈앞에 놓인 찰나의 기호함이 아니라, 굳은 마음으로 지속해야 하는 연속적인 기호함이기 때문에 그 모습을 꾸준히 유지하기 어렵다. 그래서 다산은 구경의 타고난 성향으로 성을 기호하는 모습을 꾸준히 유지하기 위해서 구경의 공효가 일어나지 않도록 경계해야 한다고 하였다.

마음에 걸리는 일을 거듭 행하게 되면 하늘에 부끄럽고 사람들에게 수치스러워서 머리가 수그러들고 눈동자가 흐려지며 몸의 정기가 막히는 상태가 되어 마치 초목이 시드는 것과 같이 되니, 이러한 현상을 구경의 공효(功效)라 한다(금장태, 2001). 따라서 다산은 마음의 성이 기호할 때 눈앞의 즐거워함으로 기호하기보다는 구경의 타고난 성향으로 기호하는 모습을 꾸준히 유지하여, 구경의 공효함이 나타나지 않도록 항상 경계하고 마음을 다스려야 한다고 하였다.

　더불어 다산은 성이 의(義)를 따르고 행하는 것이 마땅한 이유로 구경의 타고난 성향으로서 성의 기호함을 제시하며, 그 중요성을 강조하였다. 사람이 착한 일과 의로운 일을 습관화하면 내적으로 정신적인 만족감을 갖게 되어 외면에 드러나고, 호연지기의 기상이 천지간에 충만하게 된다고 한다(장복동, 2002). 그래서 성이 의를 따르고 행하게 만들기 위해 착한 일과 의로운 일을 습관화하여 구경의 타고난 성향으로서 성이 기호하도록 수양해야 한다. 항상 마음을 쓰고 행동을 함에 있어서 선한 일과 의로운 일을 습관화하여 스스로 만족하고 그 만족이 겉으로 드러나 마음의 평정을 얻게 된다.

3. 성의 기호하는 단계

　다산은 성이 기호하는 양상을 제시한 것과 더불어 기호하는 단계에 대하여 언급하였다. 기호하는 단계는 사람이 좋아하며 하고자 하는 욕구의 단계라고 볼 수 있다. 다산은 맹자가 좋아하는 일의 깊이를 구분하여 가장 얕은 단계를 욕(欲), 그다음을 악(樂), 가장 깊은 단계를 성(性)이라 하였다. 다산은 이 구분을 들어 성 기호설의 증거로 주목하고 있으며, 각 단계에서 나타나는 욕구의 모습을 설명하고 있다.

　먼저 욕은 인간이 본능적으로 원하는 식욕, 성욕과 같은 것을 말한다. 욕은 그 대상이나 특성을 살폈을 때, 동물의 기호함과 큰 차이가 없다. 이는 심개념에서 설명한 오장의 하나인 심에 영향을 받는다고도 할 수 있다. 생명적, 기초적 단계의 기호함인 것이다. 욕보다 기호하는 수준이 더 깊은 단계는 악이라고 하였다. 악은 운동이나 예술, 명예 등을 선호하며 즐기는 것을 말한다. 사람만이 가지는 욕구의 특성일 수는 있으나 욕구의 성취나 결핍으로 인한 눈앞의 기호함으로 드러날 수 있는 수준이다. 악보다 높은 수준의 성은 눈에 보이는 감각적인 좋고 싫음의 정도가 아닌 근원적 차원의 자연스러운 기호다. 사람을 대함에 거짓이 없음을 좋아하며 그 즐거움을 유지하고 거짓을 하려는 마음을 다스리고자 하는 단계를 성이라 할 수 있다. 다산은 욕, 악, 성은 비록 깊이의 수준은 다르지만 모두 기호의 단계라고 보았다. 다산은 성이 욕이나 악과 더불어 호오(好惡)하는 정감으로서 같은 종류의 기호임은 인정하나 성은 감각적 호악보다 더 근원적 차원으로서 천성의 자연스러움이요, 가장 깊이 좋아하는 것이라고 밝히고 있다(금장태, 2001).

이때 다산이 경계하는 것이 있다. 욕이나 악에 대해 기호하는 것을 무조건 나쁘게 보며 절대로 해서는 안 될 것으로 인식하는 것은 옳지 않다는 것이다. "이 몸이 존재하니, 신체는 따뜻하기를 바라지 않을 수 없고, 위장은 단지 배부르기를 바라지 않을 수 없으며, 사지는 단지 편안하기를 바라지 않을 수 없다. 돌아보면 어

찌 욕구가 없을 수 있겠는가."라고 하여 욕구는 없앨
수 없는 것임을 강조하였다(금장태, 2001). 도리어 욕구
를 제거하여 무욕(無慾)의 상태에 이르려는 것은 선을
실현하는 방법이 아니라 삶을 포기하는 것이라 보고
있다(금장태, 2001). 대신 욕구를 삶의 원동력으로 활용
하는 방법을 중요하게 보았다.

"내가 일찍이 어떤 사람을 보니, 그 마음이 담박하여
욕구가 없어서, 선(善)을 할 수도 없고 악(惡)을 할 수도
없으며, 문학을 할 수도 없고, 산업을 할 수도 없으니,
바로 이 세상에 버려진 물건이다. 사람이 어찌 욕구가
없을 수 있겠는가." 하며 욕구가 인간을 행동하게 하
고 살아가게 하는 원동력임을 거듭 강조한다(금장태,
2001). 다산은 "욕구란 바른 이치를 따를 수 있으면 선
을 하는 데 방해되지 않으며, 오로지 사의(私意)를 따
르면 이에 악에 빠지는 데 이른다."라고 하여, 욕구와
욕심을 마음속의 발생 근원에서 구분하지 않고, 욕구
가 지향하는 대상이 이치를 따르는 것인지 사의를 따
르는 것인지에 따라 선·악이 갈라지게 되는 것으로

본다(금장태, 2001). 이는 사의를 따르지 않고 이치를 따를 수 있는 욕구의 기호함은 삶의 원동력이자 마음의 성장을 위한 거름이 될 수 있음을 보여 주는 것이다. 무조건 지금 현재의 욕구를 억누르고 제거하려는 모습보다는 다산의 말처럼 삶을 활기 있고 윤택하게 할 수 있는 수준의 욕구 충족이 필요하다. 이와 같은 욕구의 충족이 원만하게 이루어질 때 보다 높은 수준의 성을 추구할 수 있다.

4. 성과 자주지권(自主之權)

기존의 동양학적 사상 체계 속에서 인간관에 대한 다양한 논의가 있었다. 수많은 학자들이 인간의 본성을 파악하기 위해 다양한 측면에서 연구해 왔다. 다산은 세 가지 측면에서 인간의 본성을 설명하였다. 다산은 사람이 기호와 행위, 의지로 인해 선악에 차이가 나타난다고 하였다. 첫 번째로 기호의 측면에서 보면, 인간이 가진 본래의 기호는 선을 즐거워하고 악을 부끄러워하는 것이다. 이는 맹자의 성선설에 해당한다. 두 번째로 행위의 측면에서 보면, 사람이 선을 행하기는 어렵고, 악을 행하기는 쉽다는 것이다. 따라서 사람은 악한 속성을 지닌다는 순자의 성악설에 해당한다. 마지막으로 의지의 측면에서 보면, 사람은 의지에 따라 선악의 차이를 나타나게 한다는 것이다. 이는 사람이 스스로의 의지에 따라 선할 수도 있고, 악할 수도 있기 때문에 정해진 것은 아무것도 없다는 고자의 성무성악설에 해당한다.

다산은 이를 종합하여 성을 마음의 속성으로 보는 만큼 행위의 주체인 심에서 대체와 소체 내 도의(道義)와 인욕(人慾) 사이에서 갈등하는 현실을 인식하여, 인간의 성이 선을 기호한다고 확인하면서도 언제나 선한 행위를 할 수 있는 존재가 아니라는 사실을 주목한다(금장태, 2001). 사람의 마음이 가지는 기본 속성은 선함을 따르지만 마음에는 항상 갈등이 존재하기에 언제나 선한 행동을 할 수는 없다. 앞서 언급한 성의 기호함이 눈앞의 기호함에 빠지기 쉬운 양상을 보이는 것이나 욕(欲)이나 악(樂)의 단계로 욕구를 추구하기 쉬운 것도 같은 이유다.

다산이 인간관에 관한 세 가지 측면의 논의를 하면서 언급한 중요한 개념이 있다. 사람의 마음에는 자주지권이라는 자유의지가 있어, 모든 기호함의 결정에 관한 주체는 바로 자기 자신이라는 것이다. 자주지권이란 스스로 주장하는 권능이다. 사람의 성품은 선악으로 결정되는 것이 아니라 자기 스스로가 어떻게 주장하며 다스리느냐에 따라 결정된다. 결국 중요한 것은 스스로의 의지와 결단이라 할 수 있다. 본능에 충실하여 움직이는 동물과 다르게 사람은 언제나 스스로가 자신의 삶을 판단하고 선택하는 자율적 존재다. 우리의 삶 속에서 우리가 행하는 모든 것들은 이미 결정된 것이 아니다. 다시 말해서 우리의 삶은 누군가에 의해 이끌려 가는 것도 아닌, 스스로의 선택과 행동으로 만들어 가는 것이다.

마음을 돌아보고 건강하게 성장하는 일의 핵심도 마

찬가지다. 마음이 가진 본래의 속성은 선함을 기호하지만 그 선함을 선택하고 따르는 일은 자신의 의지에 달렸다. 그렇기 때문에 스스로를 성장시키기 위해 가장 중요한 것은 자기를 돌아보고 성찰하겠다는 의지다. 인간이 가진 욕심이란 속성도 악(惡)의 원인이지만 그것을 억제하거나 부정하지 않고 삶의 원동력으로 인정할 수 있어야 한다. 예를 들면 덕(德)이란 속성도 본성에 처음부터 내재된 것이 아니라 인간 스스로의 실천적 결과로 형성된다. 그러므로 선과 악은 본질적으로 결정되어 있기보다는 실천을 통해 형성되는 것이다. 사람들에게 나타나는 문제 행동들, 즉 악이라고 보이는 속성들은 자기 본성의 실천적 결과를 얻어가는 과정 중에 생겨난 어려움으로 이해해야 한다. 사람이 가지고 있는 악의 요소를 억제하거나 부정하는 것이 아니라 그 자체를 성장의 원동력으로 인정하고 보다 나은 성장을 위한 실천이 가능하도록 지원해 주어야 한다.

　사람은 성을 기호하는 속성이 있기 때문에 내면의

악한 요소들이 표출되더라도 이를 잘 다스린다면 충분히 스스로를 성장시키는 힘이 될 수 있다. 이런 다산의 성에 대한 생각을 보다 넓게 수용하고 우리의 삶 속에 깊이 적용해 보면 현대인들이 겪게 되는 마음의 문제와 밀접하게 연관될 수 있다. 인간은 본래부터 선한 존재이며, 악한 행동을 부끄러워한다는 큰 전제 속에서 오늘날 많은 사람들이 겪고 있는 마음의 문제를 바라본다면 보다 의미 있고 깊이 있는 접근을 할 수 있다. 특히 마음의 문제가 점점 더 복잡해짐에 따라 마음의 변화와 성장을 위한 관심이 급격히 높아지고 있는 지금, 다산의 심개념과 성개념을 통해 살펴본 마음의 구조와 작용 방식은 마음의 문제에 관한 의미 있는 해결책을 제시해 줄 수 있다.

4

다산이 본 마음의 구조와 작용

마음의 구조와 작용은 다산의 심성론 전반에 걸쳐 깊이 있게 나타난다. 다산은 심개념과 성개념을 통해 마음의 구조를 설명하였고, 각 개념들이 서로 유기적으로 작용하는 방식을 보여 준다.

먼저 다산은 심개념에서 마음을 세 가지로 구분하였는데, 그중에서 영명(靈明)한 마음이 다양한 모습으로 발현되는 구조에 중점을 두고 있다. 사람의 영명한 마음은 정(情), 의(義), 지(志)로 발현되는데, 다산은 마음 속에서 이들이 바르게 작용할 수 있도록 노력해야 함을 강조하였다. 감정, 의지, 신념과 같은 사람의 중요한 내적 마음 체계는 인간이 바르게 다스리고 간직해야 할 마음가짐으로 보았다. 이는 사람이 스스로 바람직한 마음의 변화와 성장을 이룰 수 있게 하는 힘의 원천이다.

마음의 구성체계 속에서 나타나는 사람의 성품, 특성에 관한 논의가 성개념을 통해 다루어지고 있다. 다산은 성을 마음의 속성으로 보았고, 선(善)을 기호하는 속성을 지니고 있음을 밝혔다. 그리고 선을 기호함에 있어서 다양한 양상과 단계가 있음을 제시하였다. 기호함의 양상으로는 눈앞의 즐거워함을 기호하는 것과 구경의 타고난 성향으로서 기호하는 것으로 구분하였다. 또한 기호함의 단계에는 욕(欲), 악(樂), 성(性)이 있음을 제시하였다.

마음에 관한 이 두 가지 개념은 각각 분리되어 있는 것이 아니라 서로 긴밀하게 작용하고 있다. 사람의 마음이 무수히 많은 상황 속에서 발현되는 동시에 내면에서는 지속적으로 마음의 기호함이 일어난다. 마음의 구조가 다양하게 이루어진 것처럼 마음의 작용 방식도 복합적으로 진행된다. 어느 선비의 이야기를 통해 마음의 구조와 작용을 보다 자세히 살펴보도록 하자.

한 선비가 길을 가고 있었다. 오랫동안 길을 걸어서 피곤한 터라 잠시 쉬어 가려고 나무 그늘에 앉았다. 더운 날씨에 먼 길을 걸으니 금세 허기가 졌다. 마침 아내가 정성스레 챙겨 준 주먹밥이 있어 봇짐에서 꺼내 막 먹으려던 참이었다. 이때 한 아이가 선비 앞을 지나가는 것이다. 아이는 매우 지친 표정으로 힘겹게 걸어가고 있었다. 이내 아이도 선비를 발견하고는 선비가 들고 있는 주먹밥에서 눈을 떼지 못한 채 걸음을 멈추었다. 너무나 배고파 보이는 아이와 눈이 마주친 선비는 고민에 빠졌다.

'아직 어린 것 같은데 몹시 지치고 힘들어 보이는구나. 배도 많이 고플 텐데 이를 어쩐다. 주먹밥이라도 넉넉하면 나눠 먹으면 좋으련만 하나밖에 없으니…. 나도 아직 갈 길이 먼데 이 주먹밥을 저 아이에게 주고 나면 굶은 채로 반나절을 더 걸어야 하는데….'

선비는 주먹밥을 손에 든 채 이러지도 저러지도 못하고 가만히 있었다. 이때 문득 집에 있는 아들 녀석이 떠올랐다.

'아마 저 아이도 우리 개똥이 나이쯤 됐겠지. 아직 저리도 어린 아이가 무슨 고생이람. 그래, 내가 좀 배고프고 힘들어도 참아야지. 얼른 저 아이한테 주먹밥을 가져다 줘야겠구먼.'

선비는 가만히 지켜보고 있던 아이에게 다가가 주먹밥을 건넸다. 아이는 고개를 꾸벅 숙이며 받아든 주먹밥을 허겁지겁 맛있게 먹기 시작했다. 선비는 아이의 머리를 한번 쓰다듬고 나서 미소를 머금은 채 가던 길을 향해 다시 걸음을 옮겼다.

선비의 이야기를 통해서 우리는 마음속에서 일어나는 다양한 마음의 속성과 작용 방식을 살펴볼 수 있다. 우선 선비는 자신의 배가 고프기 때문에 가지고 있는 주먹밥을 먹고 싶은 마음이 들었다. 이는 오장의 하나인 마음에서 온 것이다. 또한 성의 기호하는 단계로 보면 욕의 수준에서 일어나는 마음의 작용이다. 이는 누구나 가진 기본적인 욕구이며 매우 자연스러운 현상이다.

그러다가 선비는 지나가던 아이를 보게 된다. 선비

는 이내 측은한 마음을 느끼게 된다. 이는 선비의 마음 속에 영명한 마음이 작동한 것이다. 동물과 다른 사람만이 지닌 영명한 마음은 아이에 대한 측은한 감정으로 발현되었다. 마음속에서 발현된 측은한 감정은 자신이 먹으려 했던 주먹밥을 아이에게 줄 것인지를 고민하게 한다. 이때 선비는 자신의 아들을 떠올리게 된다. 그러면서 먼 길을 가려면 자신도 배를 채워야 하지만 그래도 아직 어린 아이에게 주먹밥을 주는 게 나을 것이라고 마음을 먹는다. 선비의 내면에서 마음의 의지, 즉 발현된 의가 작용하는 것이다. 그리고 주먹밥을 아이에게 기꺼이 건넬 수 있도록 하는 지가 발현하게 된다. 이때 선비의 마음에서는 성의 기호함이 욕의 수준을 넘어서 성의 수준에 이르고 있다. 자신의 배고픔을 충족시키고자 했던 욕구가 자신보다 힘든 사람에게 도움을 주어야겠다는 욕구로 변화한 것이다.

또한 이와 동시에 마음의 속성인 기호함의 양상으로 선비의 마음의 작용 방식을 이해할 수도 있다. 선비는 자신의 배고픔을 달래는 것도 원하고 있고, 아이를 도와주기도 원하고 있다. 선비의 마음 안에서 눈앞의 기호함과 구경의 타고난 성향으로의 기호함이 갈등하는 것이다. 선비는 단지 한 번의 선행으로 즐거워하려는 것도 아니고 금세 변화하는 변덕스러운 마음도 아니었다. 오로지 아이를 진심으로 안타깝게 여기며 도와주려 했던 것이다. 이는 굳은 마음으로 지속되는 구경의 타고난 성향으로의 기호함이다.

특히 선비의 행동은 다른 사람이 지켜보고 있어서 그들을 의식하였다거나, 누군가의 강요에 의한 선택이 아니었다. 오로지 선비 스스로가 자신의 의지로 내린 주체적인 행동이다. 만약 선비가 길을 지나는 다른 사람들의 눈을 의식하여 자신이 가진 주먹밥을 마지못해 건넸다면 선비의 내면에서 일어나는 마음의 작용 방식은 다를 수밖에 없다. 결과적으로 같은 행동이라 하더라도 마음속에서 일어나는 마음의 작용 방식은 다양하게 나타날 수 있는 것이기에 겉으로 드러나는 행동만을 보고 쉽게 판단해서는 안 될 것이다. 사람이 내면에 가지고 있는 욕구의 수준이나 양상을 보다 분명하게 파악하고 자기 마음의 활발한 움직임을 잘 살필 수 있는 자세가 필요하다.

지금까지 선비의 예를 들어 다산이 보여 주고 있는 마음의 구조와 작용을 살펴보았다. 다산은 많은 사람들이 선비와 같은 마음의 구조와 작용이 일어날 수 있도록 마음을 간직하고 다스리는 일에 노력을 기울일 필요가 있다고 하였다. 이와 더불어 마음이 선을 기호하는 속성을 지니고는 있지만 항상 선한 행위를 하기는 어렵다는 점도 덧붙여 강조하고 있다. 왜냐하면 사람에게는 기본적으로 선을 기호하는 속성과 더불어 다양한 욕구를 지니고 있기 때문이다.

마음이 선을 기호함에 있어서 항상 바르게 작용하기 위해서는 마음이 가진 욕구를 무조건 억제하는 것이 아니라 선한 행위를 할 수 있는 원동력으로 활용하여 선한 행위를 할 수 있는 의지를 가지도록 해야 한다. 또한 다산은 인간에게는 스스로 선택할 수 있는 자주지권이 있기 때문에, 사람은 이 자주지권을 굳게 할 수 있도록 꾸준히 수양해야 한다고 강조하였다. 마음이 어떻게 이루어졌는지 구조를 잘 이해하고, 마음이 작용하는 방식을 잘 살핀 후에는 마음의 변화와 성장이 건강하게 잘 이루어지도록 마음의 수양에 힘써야 한다. 다산은 이와 같은 마음의 수양을 위해 치심(治心)과 존심(存心)으로 나누어 수양법을 제시하였다.

5

다산과 마음 수양

    다산의 철학적 관심은 보편적 원리의 관념적 체계 위에 세계인식과 인간이해를 추구하는 것이 아니라, 구체적인 현실에서 인식할 수 있고 실현할 수 있는 세계인식과 인간이해를 재정립하는 데(금장태, 2001)에 있다. 다산은 우리 주변의 구체적인 현실과 관계를 맺으며 살아가는 실천적인 수양론을 제시한다. 복잡한 관념적 체계 속에서 마음의 수양을 다루기보다는 마음과 마음 주변의 것들 사이에 이루어지는 관계적 상황 속에서 마음의 수양을 다루고자 하였다. 이는 기존의 성리학적 수양론과는 구별되는 다산만의 수양론을 보여 주고 있다.

기존의 성리학적 수양론은 인간의 보편적 본성을 도덕성의 원천, 기준으로 본다. 이는 인간의 기질적이고 신체적인 욕망을 억제하며 감정의 발현을 통제하는 내성적, 정적 수양 방법이다. 이에 비해서 다산의 수양론은 인간 내면에 도덕적 실체가 선천적으로 부여되었다는 성리학적 신념을 거부하며, 인간 의지에 따르는 자주적 판단과 행위에 따르는 책임을 강조(금장태, 2001)한다. 인간 의지에 따른 자주적 판단과 행위에 따른 책임의 중요성은 심성론의 성(性)개념에서 논의한 바 있다. 이때 논의된 마음의 자주지권(自主之權)은 다산 수양론의 전반에 걸쳐 중요한 의미를 지닌다. 다산은 사람의 마음속에 자주지권을 가지고 있기 때문에 스스로가 판단과 실천의 주체로서 자신의 마음에 주목할 수 있다고 보았다. 다시 말해서 능동적 실천의 중요성을 강조하는 수양론인 것이다. 다른 누군가로부터 강요되거나 요구되는 수동적인 수양법이 아니라 스스로 선택하고 판단하여 실천하는 자기 주도적이며 능동적인 수양법이다.

다산은 수양론을 통해서 인간의 도덕성 실현이라는 과제를 이루고자 한다. 도덕성 실현을 위해 소수 지식인에 의한 이지적(理智的)인 내면의 성찰 방법이 아니라 하늘의 감시 아래서 두려움을 각성하는 대중의 정감적 조건을 중시하였다(금장태, 2001). 다산은 수양의 주체가 다른 외적인 존재가 아니라, 이 세상을 살아가는 모든 사람이라고 본다. 이는 누구나 수양의 주체가 되어 스스로 성찰할 수 있음을 강조하였다. 또한 인(人)과 물(物)의 단절된 차별성을 통해 도덕적 자율성과 책임을 각성(금장태, 2001)하게 한다는 것은 인간이 만물과는 다르게 영명(靈明)한 마음과 선(善)을 기호(嗜好)하는 속성을 지니고 있음을 분명히 구분지어서 보다 깊이 있는 수양론적 과제를 이루기 위함이다. 다산은 마음을 수양한다는 것이 만물과는 구분되는 인간 고유의 행위임과 동시에 인간이기에 추구해야 할 마땅한 과제임을 시사하고 있다.

다산은 수양론적 과제를 인간의 내면세계에서만 실현하는 것이 아니라, 인간이 속한 현실세계에서 실현하고자 하였다. 도덕성은 인간의 주체인 마음을 통해서 추구되지만, 넓게 보면 사회적 인간관계 속에서 성립되고 실현되는 것이라 하였다. 다산의 수양론에서는 개인의 인격적 수양과 더불어 인간관계의 사회적 질서속에서 완성을 이룬다. 단순히 개인의 인격 수양으로 그치는 것이 아니라, 개인의 인격 수양이 사회적 관계속에서 융화되어 보다 결집된 도덕성의 실현을 완성할 수 있다. 바로 다산의 수양론적 과제를 실현해 가는 대상이자 영역을 보여 주는 것이다.

정리해 보면 다산의 수양론은 도덕성 실현이라는 과제를 지니며, 이 과제를 실현하기 위한 주체는 자기 자신이다. 또한 인간은 동물과 구분되는 자율성과 책임

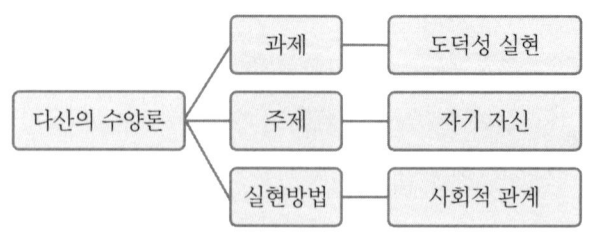

그림 2 다산의 수양론 개요

을 지니고 있기에 스스로 수양하여 성찰할 수 있으며, 자기 자신의 수양과 더불어 다른 사람과의 사회적 관계 속에서 수양하는 것이 바로 도덕성 실현을 위한 마음 수양의 방법이다.

지금까지 다산 수양론의 과제와 주체, 그리고 실현 방법을 살펴보았다. 다산 수양론의 전체적인 내용을 살펴보았으니 이어서 다산 수양론의 세부적인 구조에 대해 살펴보자. 다산 수양론은 마음을 대하는 방법에 따라 두 가지 구조로 이루어진다.

먼저 성품에 따라 선을 추구하는 솔성(率性)과 마음을 다스려 욕심을 절제하는 치심(治心)의 구조다. 솔성은 선을 택하여 도심(道心)이 하고자 하고 행하는 바를 따르는 것이다. 예를 들어 불의한 음식이 있을 때 몸이 먹고 싶어도 도심이 먹지 말라고 일깨워 주는데, 이를 순응하여 불의한 음식을 물리치고 먹지 않는 것이 바로 솔성이라 할 수 있다. 또한 치심은 인심에 통하지 않고 이를 현명하게 다스리며 성을 중요하게 여기는 것이다. 예를 들어 사람은 음식, 재물, 성적 욕구 등이 앞에 놓여 있을 때, 자신의 욕구를 다스리는 것보다 마음이 동요하기가 쉽다. 이와 같은 인심(人心)을 현명하게 다스리는 것이 바로 치심의 수양 방법이다. 솔성과 치심의 수양 방법은 대체(大體)와 소체(小體), 성과 욕, 도심과 인심, 즉 올바른 기준과 잘못된 기준을 분별하여 인식하고 마음에서 어느 쪽을 따를 것인지, 어길 것인지 결단하는 훈련이라고 할 수 있다. 마음을 다스리고 성품을 따른다는 치심과 솔성의 방법은 엄격하게 구분한다면 다른 의미를 지니겠지만 마음의 변화와 성장을 이루어 가는 데 있어서 같은 방향과 의미를 지니게 된다.

솔성, 치심의 수양 방법과 더불어 맹자에서 언급된 존심(存心), 양성(養性)의 수양 방법이 있다. 존심은 바르게 다스려진 마음을 깊이 간직하는 것이다. 예를 들어 불쌍한 사람을 측은히 여기고 도와주고자 하는 선한 마음이 내면에서 일어나서 실제로 행동했다고 했을 때, 이와 같은 마음의 움직임이 나중에 다시 생겨날 수 있도록 그 마음을 기억하고 마음속에 고이 간직하는 방법이다. 또한 양성은 성품의 크기와 깊이를 적극적으로 배양하는 것이다. 다스려진 마음의 속성을 고인 채로 두기보다는 마음의 크기와 깊이가 점차 자라나며 내면의 향기를 뿜을 수 있도록 실천하게 하는 수양 방법이다. 솔성, 치심의 수양 방법은 맹자에서 언급하는 마음을 간직하고 성품을 배양하는 존심, 양성의 과제와 상응(금장태, 2001)하는 것으로 보았다. 솔성, 치심의 수양 방법이 심, 성의 내면적 성찰에 집중을 하고 있다면 존심, 양성의 수양 방법은 심, 성의 실천적 과정에 집중하고 있다. 치심의 방법이 욕심을 통제하는 것이라면 존심의 방법은 마음의 본심을 간직하는 것이다. 또한 치심의 방법을 통해서 마음의 흔들림을 다스리는 것이라면 존심의 방법은 마음의 고요함을 유지하는 것이다.

솔성, 치심의 수양과 존심, 양성의 수양이 각자 이루고자 하는 과제는 비록 다르지만 마음의 변화와 성장을 돕는 수양의 근본 개념은 상통한다. 이 두 가지 수양법을 구체적인 마음 수양법으로서 보다 쉽게 이해하고 적용할 수 있도록 '마음을 다스리는 수양법'과 '마

음을 간직하는 수양법'으로 구분하여 정리하였다. 각
각의 마음 수양법 안에 담긴 의미와 방법을 살펴볼 때,
오늘날 우리에게 도움을 줄 수 있는 구체적인 적용 방
법을 생각하면서 살펴본다면 더없이 좋은 마음 수양의
기회가 될 것이다.

6

다산의 수양론 (1):
마음을 다스리는 수양법

다산의 학문적 발자취를 따라가다 보면 그 마지막에
는 스스로를 수양하는 공부에 전념한다는 것을 알 수
있다. 다산은 다양한 경전을 오래토록 연구하면서 그
중에서도 소학(小學)과 심경(心經)을 자기 수양의 기본
경전으로 삼았다. 소학으로 바깥의 몸을 다스리고, 심
경으로 안의 마음을 다스리면 현인이 되는 데 길이 있
다고 하였다. 특히 심경을 통하여 치심의 공부에 전념
을 다하였다. 다산은 경전의 이해를 통해서 치심(治心)
의 실천에 관심을 두었다. 또한 자기 스스로의 성품을
가만히 돌아보며 마음을 다스리기 위해 노력하였다.

실제로 다산은 마음의 습관과 성질이 조급하였는데, 마음을 안주시키려고 노력하면 가슴이 답답해지면서 우울증과 같은 증세를 보여 마음을 수양하기가 어려웠다고 고백하였다. 이때 다산은 퇴계집을 통해서 마음을 다스리는 실마리를 찾아갔고, 점차 심기가 가라앉고 잠잠해지는 것을 경험하면서 퇴계의 거경(居敬) 수양론이 자신에게 맞는 수양임을 밝힌 바 있다.

이처럼 다산은 경전의 해석을 넘어 자신이 실제로 느끼고 경험하였으며, 이 경험들을 바탕으로 구체적인 치심의 방법을 소개하였다. 특히 바깥 사물로부터 끊임없이 자극을 받아 희(喜), 노(怒), 애(哀), 구(懼)의 감정이 어지럽게 일어나 동요하는 마음을 절제하기 위한 다양한 치심의 수양 방법을 제시하였다. 이제부터 살펴볼 부동심(不動心), 안심하기(安心下氣), 극기복례(克己復禮), 경이직내(敬以直內)가 바로 그것이다.

1. 부동심(不動心)

　천하만물 중에 지켜야 할 것은 오직 '나' 뿐이다. 내 밭을 지고 도망갈 사람이 있겠는가? 그러니 밭은 지킬 필요가 없다. 내 집을 지고 달아날 사람이 있겠는가? 그러니 집은 지킬 필요가 없다. (중략) 그러나 유독 이 '나' 라는 것은 그 성품이 달아나기를 잘하며 출입이 무상하다. 아주 친밀하게 붙어 있어 서로 배반하지 못할 것 같지만 잠시라도 살피지 않으면 어느 곳이든 가지 않는 곳이 없다. 이익으로 유혹하면 떠나가고, 위험과 재앙으로 겁을 주면 떠나가며, 질탕한 음악 소리만 들어도 떠나가고, 미인의 예쁜 얼굴과 요염한 자태만 보아도 떠나간다. 그런데 한 번 떠나가면 돌아올 줄 몰라 붙잡아 만류할 수가 없다. 그러므로 천하 만물 중에 잃어버리기 쉬운 것으로는 '나' 보다 더한 것이 없다. 그러니 꽁꽁 묶고 자물쇠로 잠가 '나' 를 굳게 지켜야 하지 않겠는가?

〈다산의 마음, 박혜숙 편역, 2008〉

　다산이 쓴 〈수오재기(守吾齋記)〉의 한 대목이다. 다산은 천하만물 중에 지켜야 할 것은 오직 '나' 뿐이라

고 강조한다. 천하만물 중에 잃어버리기 쉬운 것으로
는 '나' 보다 더한 것이 없다고도 하였다. '나'를 잃어
버리지 않고 굳건히 지켜내는 마음의 힘을 기를 때 부
동심의 수양법이 필요하다.

부동심은 마음의 동요를 막고, 중심을 확고하게 정
립하는 수양법이다. 부동심은 마음에서 지(志)를 확립
하고 난폭한 기운을 없게 하는 것을 말하는데, 지를 확
고하게 붙잡음으로써 혈기의 신체적 욕구에 마음이 동
요되어 악에 빠지는 것을 막을 수 있다(금장태, 2001).
부동심의 마음 수양법은 의지로 혈기를 제어하는 방식
이며, 감정이나 결과에 마음이 동요되지 않는 경지에
이루고자 하는 것이다. 사람이 가진 영명한 마음이 바
르게 발현될 수 있도록 동요하지 않게 하는 방법이다.
이는 사람의 마음을 다스리는 데 가장 기본이 된다. 부
동심을 통하여 마음을 차분하게 가라앉히고 마음의 중
심을 단단히 하는 것이 우선되어야 마음의 성장을 기
대할 수 있다.

구체적인 방법으로는 먼저 지를 지켜서 마음을 편안

하고 고요하게 하는 것이다. 앞서 다산의 심성론을 논의하면서 지는 기(氣)와 혈(血)을 부려서 마음의 모든 발동을 통제하는 마음의 발동 체계이며, 동시에 인간의 마음이 발동하는 주체적 양상이라고 하였다. 결국 마음의 모든 발동을 통제하는 중요한 체계인 지를 다스리는 일이 결국은 감정이나 행동을 다스리는 것이다. 이렇게 지를 지켜서 마음을 다스릴 수 있는 의지를 가지는 것이 부동심의 시작이다.

이어서 기운을 제어하여 빠르고 급하지 않게 하며, 감정이 얼굴에 나타나지 않도록 하여야 한다. 마음을 다스리는 의지가 생겼으면, 이를 통해서 자신의 혈기를 다스릴 수 있어야 한다는 것이다. 빠르고 급하기보다는 여유 있게 하고, 감정을 얼굴에 드러내기보다는 안색을 편안하게 만들어 가는 과정이 필요하다. 겉으로 드러나는 이 행동들은 우리 주변의 성공, 실패, 재앙, 복 등이 마음을 동요하지 못하도록 해 주는 중심잡기를 하는 것이다. 이때 주의할 점은 지를 굳게 지키는 것은 저절로 강해지지 않음으로 생각의 슬기로움과 사

려 깊음이 함께 수반되어야 한다. 그러지 않은 채 의
(意)와 지(志)를 지키는 것만 추구하면 부동심을 이루기
가 어렵다. 아무리 좋은 뜻을 위하여 굳은 의지를 지켜
서 몸과 마음을 다스리려고 하여도 이를 위해서 사려
깊게 생각하여 슬기롭게 대처할 수 있는 마음 자세가
필요하다.

2. 안심하기(安心下氣)

안심하기는 편안함과 포용력을 확보하는 방법이며,
겸허함과 부드러움의 방법이다. 온순하고 겸손하여 자
신을 굽히어 부드럽고 온화하게 하는 것이다. 앞서 말
한 굳세면서 강하게 중심을 지키는 부동심과 더불어
부드럽고 온화하며 포용하는 안심하기의 방법이 조화
를 이루면 보다 마음을 다스리는 데 용이하다.

다산은 마음이 편안하고 기운이 가라앉아 안심하기
를 할 수 있게 되면 모든 거친 감정들이 소멸될 것이

고, 얼굴이 밝아지고, 사지가 편안해져 모든 일에 즐거워하고 어떤 방해에도 마음이 동요되지 않을 것이라고 하였다. 이때 인간이 가진 기(氣)는 언제나 마음을 동요시키고 악에 빠뜨리는 것은 아니기에 기를 무조건 가라앉히는 것에 몰두하는 것은 옳지 않다. 하기(下氣)를 한다는 것은 마음의 거친 기운을 가라앉히는 것이지 마음의 건강한 기운까지 사라지게 한다는 것은 아니기 때문이다. 다산이 항상 주장하는 것처럼 사람의 마음은 몸을 떠나서 살 수 없기 때문에 마음의 기운을 올바르게 다스리는 일이 중요하다고 하면서, 그 예로 맹자의 호연지기(浩然之氣)를 들고 있다. 다산은 귀양지에서 두 아들 학연과 학유에게 내린 가계(家誡)에 이 호연지기의 가르침을 전하고 있다.

사대부의 마음가짐이란 마땅히 광풍제월과 같아 털끝만큼도 가린 곳이 없어야 한다. 무릇 하늘이나 사람에게 부끄러운 짓을 아예 저지르지 않는다면 자연히 마음이 넓어지고 몸이 안정되어 호연지기(浩然之氣)가 저절로 우러나온다. 만약 포목 몇 자, 동전 몇 닢 정도의 사소한 것들에 잠깐만이라도 양심을 저버린 일이 있다면 이것이 기상을 쭈그러들게 하여 정신적으로 위축되니, 너희는 정말로 주의하여라.

〈유배지에서 보낸 편지, 박석무 편역, 2007〉

　다산은 사소한 것들에 마음의 기상이 그르치지 않아야 마음이 넓어지고 몸이 안정되어 호연지기가 우러날 수 있다고 하였다. 하늘이나 사람에게 부끄러운 짓을 아예 저지르지 않음은 당연하며 사소한 일에라도 자신의 양심을 저버리지 않아야 한다고 말한다. 이 호연지기의 자세는 마음의 안심하기가 바탕이 된다. 마음을 편안하게 하고 거친 기운을 가라앉힌 후에야 호연지기를 이룰 수 있다.

3. 극기복례(克己復禮)

극기복례는 인욕(人欲)을 사물(四勿)로서 극복하고 인심(人心)을 다스리는 공부다. 욕(欲)이란 인심이 하고자 하는 것이고, 물(勿)이란 도심(道心)이 하지 못하게 하는 것이다. 곧 인심은 하고자 하고 도심은 하지 못하게 하니 이것이 바로 마음의 교전(交戰)이다. 인간은 자신의 마음속에서 도심을 각성시켜 그릇된 것으로 빠져들기 쉬운 인심의 욕구를 억제하여 스스로 이겨내는 극기의 주체적 결단을 수행함으로써 자신의 도덕성을 확보할 수 있는 존재로 인식(금장태, 2001)하게 된다.

구체적인 방법으로 이기극기(以己克己)가 있는데 이는 자신의 마음으로 자신의 마음을 이겨내는 것이다. 욕심과 도의가 싸우는 마음속의 현실에서 자신의 마음으로 자신의 마음을 이겨내는 것이며 도심, 대체(大體)가 인심, 소체(小體)를 싸워 이기는 것이다. 욕심과 도의가 싸우는 마음속의 현실에서 자신의 마음으로 자신의 마음을 이겨내는 이기극기가 치심(治心)의 핵심적 방법(금장태, 2001)임은 틀림없다.

맹자는 사람이 대체를 기르는 사람은 대인이 된다고 보았다. 다산 역시 대체를 기르고 도의를 따름이 옳다고 하면서 단순히 몸의 편안함에 몰두해서는 안 된다고 말한다. 오로지 몸의 편안함만을 원하는 삶은 동물의 삶과 다름이 없다고 하였다.

맹자는 "대체를 기르는 사람은 대인이 되지만 소체를 기르는 사람은 소인이 되어 금수에 가까워진다." 하였으니, 만약 따뜻이 입고 배불리 먹는 데에만 뜻을 두고서 편안히 즐기다가 세상을 마치려고 한다면 죽어서 시체가 식기도 전에 이름은 벌써 없어지는 자가 될 것이니, 이는 금수일 뿐이다. 금수와 같은데도 원할 것인가.

〈유배지에서 보낸 편지, 박석무 편역, 2007〉

특히 사람이 대체를 기르고 도의를 따름은 동물과 구별되는 사람만의 속성이며, 마땅히 따라야 할 근본임을 강조하였다. 욕구는 사람과 동물 모두에게 존재하는 것이지만 이를 적절하게 조절할 수 있는 능력은 오로지 사람만이 가진 능력이기에 욕구를 잘 다스려 예(禮)로 돌아올 수 있는 자세를 갖출 필요가 있다. 자신의 마음으로 스스로를 이겨내는 이기극기의 자세는 욕구의 절제가 사라져 버린 오늘의 우리에게 더없이 간절한 삶의 지혜가 아닐까 생각해 본다.

4. 경이직내(敬以直內)

경이라는 것은 마음을 오로지 집중하는 것이다. 마음이 대상을 향하여 지향하면서 흩어지지 않고 집중된 상태를 유지하는 것(금장태, 2001)을 말한다. 경이직내의 수양법은 불교의 참선에서처럼 마음이 스스로 관조하는 것과는 다르다. 경이직내의 수양법은 마음을 적극적으로 살피면서 성찰하는 것이다. 이 과정에서 마음이 바르게 작용하고 있는지, 혹시 병들어 있는 곳은 없는지 스스로 확인해 볼 수 있게 된다. 다산은 도산사숙록(陶山私淑錄)에서 마음의 병을 살피고 바르게 성찰하는 것의 중요함을 말하고 있다.

    일찍이 선현들의 글을 보니 스스로 "마음에 병이 있다."고 말씀하신 경우가 많았다. 처음에는 자못 의문을 느꼈는데 근래에 와서 생각하게 되는 점이 있다.

    보통 사람들은 대개 어수선하여 스스로를 점검하고 성찰하지 않는다. 그러므로 비록 백 가지, 천 가지 병통이 있지만 보고도 도무지 잡아내질 못한다. 비유컨대, 미친 사람의 마음에는 근심이라고는 하나도 없는 것과 같으니, 이는 자기 성찰의 공부가 지극하지 못한 때문이다.

    우리가 진실로 마음 다스리는 학문에 뜻을 둔다면 바로 자신의 마음속에 허다한 병통이 있음을 깨닫게 될 것이다. 주자(朱子)께서 말씀하시길, "이러이러한 게 병인 줄 알면 그렇게 하지 않는 게 약인 줄 알게 되어 맹렬하게 공부할 수 있다."고 하셨다.

    배우는 사람이 마음의 병통을 응시하지 않고서야 어찌 이(理)를 따르며 기(氣)가 조화로운 경지에 이를 수 있겠는가? 마땅히 독실하게 찾고 살펴야 할 것이다.

〈다산의 마음, 박혜숙 편역, 2008〉

다산은 자기 마음의 병통이 있음을 깨닫고 스스로 변화한다면 마음의 조화로운 경지에 이룰 수 있다고 하였다. 다산이 말하는 마음의 병통은 무엇인가. 마음에는 도심과 인심이 서로 주장하기 위해서 팽팽히 맞서고 있는데, 도심이 주장하고 인심이 주장할 수 없는 경우는 정상이지만 그 반대의 경우는 병이 된다고 했다. 이 병을 다스리는 것이 바로 경이직내다. 경으로 치심하는 방법은 마음이 대상세계와 대응하는 모든 활동 현상을 분별하는 판단 기준을 확립하는 것(금장태, 2001)이다. 도심으로 마음의 기준을 세우고 인심을 통제하여 마음의 흔들림이 없게 한 후에 바깥의 대상 세계와 자유롭게 상호작용하게 하는 것이다. 그러므로 우리가 마음을 다스릴 때 적극적으로 살피고 성찰할 대상은 현실 세계 속에서 활동하고 있는 마음이다.

마음은 현실 세계와 사회적 관계 속에서 활동하는 존재인 만큼 마음을 다스리는 수양의 과제를 실현하기 위해서는 자신과 자신을 둘러싼 관계를 바르게 이해할 수 있어야 한다. 다산은 수양함에 있어서 자기 스스로

의 성찰과 변화를 중요하게 여기는 것만큼 다른 외부
세계와의 적절한 관계 속에서 성찰하고 성장하는 것도
중요하게 여긴다. 마음의 성장과 변화는 개인 내부에
서 일어나지만 그 성장과 변화는 수많은 관계에 의해
영향을 받기 때문이다. 이는 다산 수양론의 중요한 특
징으로 자기 성찰의 실현은 사회적 관계 속에서 이루
어져야 함을 강조하고 있다.

7

다산의 수양론 (2) :
마음을 간직하는 수양법

　다산은 인성을 따라 곧은 마음을 실행한 것을 덕(德)
이라 하여, 덕이란 인간의 마음에 선천적으로 주어지
는 것이 아니라 실천을 통해 획득되는 결과임을 강조
하고 있다(금장태, 2001). 다산은 마음을 수양할 때 단
지 내면을 성찰함으로 그쳐서는 안 되며, 성찰한 것을
외부 세계로 실천해 낼 때 진정한 마음 수양이 이루진
다고 보았다. 이는 기존 성리학의 내향적, 정적인 수양
론을 외향적, 동적인 수양론으로 전환시키는 것이다.

　마음을 간직하고 성품을 배양하는 존심(存心), 양성
(養性)의 마음 수양법은 외향적이고 동적인 다산의 수

양론을 잘 보여 주고 있다. 존심, 양성의 수양법은 마음과 성품의 내면적 성찰을 넘어서 실천의 과정에서 수행하는 방법이기 때문이다. 다산은 솔성(率性), 치심(治心)의 수양으로 마음의 욕심을 다스렸다면 존심, 양성의 수양으로 마음의 본심을 간직하고자 한다. 마음의 본심을 간직하는 구체적인 수양법으로 동존, 동양과 성의(誠意), 정심(正心)을 소개한다.

1. 동존(動存), 동양(動養)

존심(存心)이란 마음이 없어지려는 것을 보존하는 것이다. 없어지려는 마음을 찾고 이를 향해 움직여서 보존하고, 움직여서 기르려는 것이 동존, 동양의 자세다. 다산은 동존, 동양의 마음 수양법을 말하면서 존심에 대한 옛 경전의 인식과 당시 성리학적 학풍의 인식을 비교하며 의미를 밝히고 있다. 두 입장을 이해할 때 먼저 알아 두어야 할 것은 다산이 비록 옛 경전의 인식을 토대로 설명해 가지만 전체적인 상황에서는 두 입장 모두를 수용하며 저마다 가지고 있는 마음의 수양론적 가치를 인정하고 있다.

먼저 옛 경전에서 인식하는 존심이란 흩어지고 달아 나려는 구체적인 나의 마음을 붙잡아 간직하는 것이라고 하였다. 반면에 후세에서 인식하는 존심이란 마음의 본체를 각성하여 잊지 않는 것이라고 하였다. 두 관점을 비교해 보면 옛 경전의 인식은 존심을 위한 실천적이고 동적인 노력이고, 후세의 인식은 마음속에서 성찰하는 정적인 자세라고 할 수 있다.

구체적인 방법의 측면에서도 옛 경전의 방법과 후세의 방법에 차이가 있음을 설명하고 있다. 옛 경전에서 존심의 방법은 도심(道心)을 간직하는 것이며, 도심을 간직하기 위해 모든 사람을 대함에 있어서 바른 태도로 거짓이나 불성실한 모습을 보여서는 안 된다고 하였다. 이는 주변의 구체적인 관계 속에서 진실함을 잃지 않으면 도심을 보존할 수 있다고 한 것이다. 반면, 후세의 존심 방법은 생각함이 없고, 말이나 웃음도 없으며, 눈을 감고 마음을 모아 오로지 마음이 발동하기 이전의 움직임을 관조하며, 마음의 본체가 환하고 투철하여 한 점 티끌도 얼룩지지 않아서 활발하게 살아 움직이기를 구하는 것이다. 이는 마음의 본체를 잡아 두려는 방법이며, 마음의 본체는 현실 속에서 마음의 활동을 버리고 미발시(未發時)의 순수한 마음의 본체를 지키려는 것이라 대조시키고 있다(금장태, 2001).

이 비교들을 정리하면서 다산은 존심, 양성의 수양 방법에 대해 옛 사람의 존(存), 양(養)은 활동하는 가운데 마음을 간직하고, 활동하는 가운데 성품을 배양하는 동존, 동양의 역동적 방법이라 하며 이를 강조하였다. 물론 두 가지 수양 방법의 양상에서 양쪽에 모두 긍정적 의미가 있음을 인정하였다. 그러나 다산은 모든 감각과 사려를 배제하고 마음 자체를 관조하는 내향적 관조보다는 마음의 외향적 발현을 통해 구체적인 행동으로 실천하기를 권고하고 있다.

다산은 마음을 관조하며 알게 된 내면적 성찰은 구체적인 삶의 장면에서 실천되어야 진정으로 의미 있는 변화를 가져온다고 보았다. 삶 속에서 앎과 행함은 늘 함께해야 한다고 강조한다. 구체적인 일상생활에서 앎과 행함이 늘 함께해야 하는 것은 물론이며, 내면의 성찰과 현실의 실천도 항상 함께해야 함을 말한다. 다산이 해석한 논어(論語)의 유명한 구절을 살펴보며 내면의 성찰과 현실의 실천이 함께 이루어져야 함의 의미를 생각해 보자.

논어의 "배우고 때로 익히면 또한 기쁘지 아니한가?" (學而時習之 不亦說乎)라는 구절의 해석에 "학이란 알도록 해 주는 일이요, 습이란 행하는 일"이니 학이시습이란 앎과 행함을 진행시켜야 한다는 새로운 해석을 내려 아무도 생각지 못했던 주장을 폈습니다. 배워서 알게 되면 그 아는 것을 행동으로 옮겨야 삶의 가치가 이룩된다는 다산의 생각이 바로 실학사상이 뿌리하는 터전이었습니다.

〈다산 정약용의 일일수행, 박석무, 2008〉

'배워서 알게 되면 그 아는 것을 행동으로 옮겨야 삶의 가치가 이룩된다.'는 다산의 말은 '성찰하여 깨닫게 되면 그 깨달은 바를 실천에 옮겨야 마음의 변화와 성장을 얻을 수 있다.' 는 오늘의 가르침으로 마음 깊이 새겨볼 수 있겠다.

2. 성의(誠意), 정심(正心)

다산은 성의, 정심은 비록 배우는 사람의 지극한 공부이지만 언제나 일에 나아가 의(意)를 성(誠)하게 하고, 일에 나아가 심(心)을 정(正)하게 하는 것(금장태, 2001)이라 하였다. 성의는 마음에 거짓이 없고 그 뜻을 참되게 하여 마음을 온전히 간직하는 수양법이다. 또한 정심은 마음을 바르게 유지하는 것과 더불어 마음을 확고히 붙잡아 두는 수양법이다. 다산은 성의와 정심의 수양법이 단지 수동적으로 이루어지는 수양이 아니라 자기 자신과 주변 환경 사이에서 능동적으로 이루어지는 수양법으로 보았다.

우선 다산은 성의의 중요성을 강조하며 그 시작은

거짓되지 않은 진실함이라고 하였다. 두 아들에게 보낸 편지에는 성의에 대한 다산의 생각을 엿볼 수 있다.

대학의 성의장과 중용의 성신장을 벽에다 써 붙이고 크게 용기를 내고 굳건히 딛고 서서 빠른 여울물에 배를 타고 올라가는 이치로 성의 공부에 힘써 나아감이 더욱더 좋을 것이다. 성의 공부는 모름지기 먼저 거짓말하지 않는 일부터 노력해야 한다. 한마디 거짓말하는 것을 마치 세상에서 가장 악하고 큰 죄가 되는 것으로 보아야 하니 이것이 성의 공부로 들어가는 최초의 길목임을 명심하거라. (중략)

편지 글줄에서 한 자라도, 평소 주고받는 말 중에 한마디라도 사실 아닌 것이 없도록 단단히 반성해야만 위로 조상들의 모범을 본받는 길이 될 것이다. (중략)

〈유배지에서 보낸 편지, 박석무 편역, 2007〉

앞에서 성의는 마음의 뜻을 참되게 하는 것이라 했다. 참되게 하는 것은 거짓이 없음과 다르지 않다. 마음을 간직하기 위해 마음을 살필 때 스스로가 자신에게 비추어 거짓이 없어야 함이다. 그리고 다산은 모든 말을 다 미덥게 하다가 한마디만 거짓말을 해도 도깨비처럼 된다고 하며 특히 말을 조심할 것을 덧붙였다.

또한 다산은 마음을 참되게 하는 성의의 방법만으로 부족하고 마음을 확고하게 붙들어 오롯이 집중해야 한다고 하였다. 아래에서 보여 주는 성의병심(誠意秉心)의 방법은 성의와 정심의 수양과 크게 다르지 않다. 마음에 거짓이 없이 참되게 하는 것과 그 마음을 온전히 간직할 수 있도록 확고하게 붙들어 집중하는 수양이 잘 이루어진다면 마음을 바르게 간직할 수 있을 것이다.

성의병심(誠意秉心)은 뜻을 정성스럽게 하고 마음을 다잡아 일에 몰두하는 것이다. 무슨 일을 하더라도 정성이 없이는 안 된다. 요행으로 성공할 수는 있겠지만, 성의가 없으면 그 성공은 곧 그를 교만에 빠뜨려 좌절의 구렁텅이로 밀어 넣는다. 정성만 가지고도 안 된다. 마음을 확고하게 붙들어 오롯이 집중해야 한다. 설렁설렁 건들건들해서는 아무것도 이룰 수가 없다. 오로지 마음을 다잡아 매진해야 성과를 기대할 수 있다.

〈다산선생 지식경영법, 정민, 2007〉

지금까지 다산의 심성론에 담긴 마음의 구조와 작용 방식, 수양론에 담긴 마음을 간직하고 다스리는 방법들에 대해 살펴보았다. 다산의 심성론과 수양론에 담긴 어마어마한 상담학적 지식들은 되새겨볼수록 감탄하지 않을 수 없다. 구슬이 서 말이라도 꿰어야 보배라고 했다. 지금부터는 다산의 남긴 마음에 관한 소중한 지식을 잘 꿰어서 우리 삶의 귀한 보배로 만들어 보자.

8

다산의 자기 성찰적 상담

상담은 "인격적 만남을 통해 생활 세계 곳곳에서 사람들의 바람직한 변화를 돕는 과정"(박성희, 2001)이다. 이는 상담이 특정한 영역에 대하여 전문적인 상담자에 의해 상담실 안에서만 이루어지는 것이 아니라, 우리 주변에서 일어나는 다양한 영역을 대상으로 삶의 장면 어디에서나 이루어질 수 있다는 것이다. 특히 정도의 차이를 두고는 있지만 전문적인 상담자가 아닐지라도 많은 사람들이 다양한 삶의 장면에서 상담의 과정을 경험하며 살아가고 있다. 이처럼 상담은 우리 주변에서 일어나는 매우 일상적이고 자연스러운 삶의 일부다. 우리 삶의 어떤 것이라도 사람들의 바람직한 변화를 돕기 위한 과정이라면 모두 상담의 영역에 담아내어 상담학적 의미를 탐색해 볼 수 있다.

　다산의 심성론과 수양론에 담긴 마음에 관한 통찰은 앞서 말한 상담의 의미에 적절히 부합한다. 다산은 심성론과 수양론을 통해서 사람의 바람직한 인격적 성장을 추구하였고, 누구나 성장의 주체가 될 수 있으며, 성장은 다양한 관계 속에서 인격적 만남을 통해 이루어진다고 하였다. 다산이 추구하고자 하는 마음 수양의 방향과 현대 상담이 추구하는 방향이 서로 다르지 않음을 알 수 있다. 특히 다산의 심성론과 수양론을 통해 보여 준 마음의 정의와 마음의 변화를 이끌어 내는 구체적인 방법은 현대 상담에 효과적으로 적용할 수 있다. 더 나아가 새로운 상담이론으로 창조되어 활용될 수 있는 가능성도 충분히 잠재해 있다. 그래서 지금부터는 다산의 심성론과 수양론을 통해 추출한 상담학적 지식들을 정리하여 '다산 상담'으로 구성해 보았다. 다산 상담의 목표, 대상, 주체, 주요 개념, 특징을 차례로 살펴보고 이를 토대로 오늘날 우리가 실제로 적용할 수 있는 다산 상담법을 제시해 보았다. 특히 다산 상담에서 가장 중요한 '자기 성찰'의 개념을 중심으로 제시하였다. 다산 상담의 주요 개념을 중심으로 향후 발전 가능성에 중점을 두고 살펴보도록 하자.

1. 다산 상담의 개요

다산은 심성론을 통해서 마음의 구조와 작용하는 방식을 설명하였다. 그리고 수양론을 통해서 마음을 다스리고 간직하는 방법을 설명하였다. 특히 다산은 수양론을 통해서 사람의 마음을 변화 및 성장시키는 방법을 구체적으로 제시하고 있는데, 이때 중요한 핵심 과제는 사람의 도덕적이고 인격적인 성장이다. 앞서 다산 수양론의 과제를 개인의 인격적 수양과 더불어 인간관계의 사회적 질서 속에서 완성을 이루는 것이라 밝힌 바 있다. 다산의 수양론 전반에 걸쳐 나타나는 개인의 도덕적, 인격적 수양과 사회적 관계를 통한 인격의 실현은 바로 다산 상담의 목표라고 할 수 있다. 즉 다산 상담은 개인이 도덕적, 인격적으로 건강하게 성장하고, 성장한 인격이 사회적 관계 속에서 올바르게 실현할 수 있도록 도와주는 것이다.

다산 상담의 목표가 분명하게 정리되었다면 이제 누구를 대상으로 다산 상담을 진행할 것이며, 어떤 사람들에게 보다 효과적으로 도움을 줄 수 있을지 살펴볼 필요가 있다. 다산 상담의 목표에서 알 수 있듯이 다산 상담은 개인의 인격적 성장과 인격의 관계적 실현을 필요로 하는 모든 이들을 대상으로 상담에 적용할 수 있다. 다산 상담이 목표로 하는 사람의 인격적 성숙은 절대적인 기준을 가지고 일정 수준에 도달하면 마무리되는 제한적 차원의 발달이 아니라, 깊이와 넓이를 확장시켜 가면서 평생에 걸쳐 확고히 다져야 하는 지속적 차원의 발달이다. 따라서 어느 누구라도 평생에 걸친 인격적 성장의 과정과 인격의 관계적 실현 과정을 거치게 된다. 이 변화와 성장의 과정이 보다 건강하고 성숙하게 진행될 수 있도록 도움을 주기 위한 다산 상담은 오늘날을 살아가는 현대인 누구에게나 적용 가능하다고 할 수 있다.

이때 사람의 마음속에서 일어나는 인격적 성장의 정도를 사회의 특정한 기준이나 타인의 주관적인 가치 준거로 판단할 수는 없다. 사람마다 생각하는 인격적 성장의 모습과 기준이 모두 다를 수 있기 때문이다. 결국 사람이 인격적으로 어느 정도의 성숙을 보여 주고 있는지, 인격적 성장을 위한 노력이 필요한지에 대한 판단은 자기 자신밖에 할 수 없다. 자기가 스스로 자신의 마음을 돌아보며 판단해야만 하는 것이다. 그래서 다산 상담의 주체는 바로 자기 자신이 되는 것이다. 사회적인 판단의 기준 안에서 상대적으로 인격적 성숙의 정도가 높은 사람이 그보다 낮은 사람을 대상으로 이루어지는 일방적 상담이 아니라, 자기 스스로가 자신을 바라보고 이해하며 성장해 나가는 자기 성찰적 상담이 바로 다산 상담이다.

다산은 도덕성 실현을 위하여 몇몇의 지식인이나 지

도자들이 지시적으로 내면을 성찰하도록 하는 것이 아니라 스스로 성찰할 수 있는 수양의 주체가 될 수 있다고 보았기에 다산 상담에 있어서도 상담의 주체는 분명히 자기 자신임을 보여 주고 있다. 특히 사람은 동물과 구분되는 영명(靈明)한 마음과 선(善)을 기호(嗜好)하는 속성을 지니고 있기 때문에 사람에게는 스스로 성찰할 수 있는 능력이 충분함을 말해 주고 있다. 동물은 스스로를 성찰하고 변화 및 성장시킬 수 있는 능력이 존재하지 않지만 사람은 영명한 마음을 지니고 그 마음을 들여다보고 바람직하게 성장시킬 수 있는 내면의 능력과 힘이 존재한다.

더불어 사람은 자신을 성찰함에 있어서 그 방향이 선함을 향하고 있다. 악(惡)하고 욕(辱)되기보다는 선하고 덕(德)이 넘치기를 원하는 마음의 속성이 있기 때문에 사람은 자기 성찰을 통해 스스로를 보다 긍정적으로 변화할 수 있게 된다. 악하고 욕된 마음의 속성에 집중하는 것이 아니라 앞으로의 선하고 긍정적인 마음의 성장을 추구하는 모습은 오늘날 심리학계의 새로운 화두인 긍정심리학의 연구와도 유사한 특징을 보인다.

끝으로 다산 상담에서 상담자의 역할은 청담자가 스스로 자신을 성찰할 수 있는 능력과 의지를 지닐 수 있도록 도와주는 것이다. 직접적인 지시나 처치를 통해서 변화와 성장이 이루어지게 만드는 것이 아니라, 청담자가 가진 내면적 치유와 성장의 힘을 끌어내 주는 역할을 하게 된다. 물론 다산 상담의 주체가 자기 자신일지라도 올바르게 자신을 성찰하고 굳은 실천 의지와 올바른 관계적 실현을 이루기 위해서는 이를 돕는 상담자의 역할이 매우 중요하다.

정리해 보면 다산 상담은 청담자가 스스로 자신의 마음을 성찰하면서 도덕적, 인격적인 성장을 위해서 실천 의지를 지니고 사회적 관계 속에서 긍정적이고 올바르게 실현해 낼 수 있도록 도와주고 이끌어 주는 것이다. 그렇다면 다산의 심성론과 수양론에서 추출한 상담학적 지식들을 살펴보면서 다산 상담의 특징에 대해 보다 구체적으로 알아보도록 하자.

2. 다산 상담의 특징

　다산의 심성론과 수양론의 내용을 살펴보면서 사람의 마음과 마음의 변화에 대한 다산의 생각들을 찾아내어 정리해 보았다. 이 생각들은 다산 상담의 주요 개념을 이루는 데 바탕이 되었으며, 구체적인 다산의 상담법을 구성하기 위한 요소들로 활용된다. 먼저 다산이 생각하는 마음의 특징을 살펴본다.

　다산은 인간존재를 정의하면서, "정신(神)과 신체(形)가 오묘하게 결합하여 사람이 된다."고 하여 '신(神)·형(形)의 묘합(妙合)'으로 규정하였다(금장태, 2001). 마음과 몸은 분리된 것이 아니며, 마음의 성장과 변화를 위해서는 마음과 몸에 대한 통합적 접근이 필요하다고 하였다. 다산은 제자 정수칠에게 보낸 편지에 "무릇 사람은 경건한 마음이 일어날 때 그 무릎이 저절로 꿇어지며, 꿇어앉은 자세를 풀면 속마음의 경건함도 역시 해이해지는 것이다. 얼굴빛을 바르게 하고 말씨를 공손히 갖는 것은 꿇어앉지 않고는 이루어지지 않는다."

(박석무, 2007)라고 하며 몸과 마음의 밀접한 관계를 설명하고 있다. 비록 마음을 다스리고 간직하는 일이 눈에 보이지 않는 내면적 작업이지만 마음이 변화되고 성장하는 모습은 외면적으로 표출된다. 또한 사람이 겉으로 보이는 행동이나 태도는 마음에 영향을 줄 수밖에 없다. 따라서 사람의 마음을 다스리는 일과 몸을 다스리는 일은 서로 깊은 관련을 가지게 된다. 다산의 이와 같은 생각은 오늘날 많은 사람들이 관심을 가지고 있는 요가나 명상의 개념과 유사한 부분이 많다. 몸을 바르게 하며 정신을 수양하는 이들의 방식은 다산이 말하는 마음을 다스리는 방식과 전반적인 맥락을 함께할 수 있다. 단, 다산은 마음과 몸을 통합적으로 이해하면서도 마음의 중요성을 더욱 강조하면서 구체적인 마음 수양의 방법을 제시하고 있다.

다산은 사람에게 스스로를 성찰할 수 있는 영명한 마음이 있다고 하였다. 자기 성찰을 한다는 것은 스스로를 살피어 분명하게 깨닫는 것이다. 사람이 자기를 성찰할 수 있는 까닭은 사람에게는 영명한 마음이 있기 때문이다. 영명한 마음은 사람을 동물과 구별되게 하는 것이며, 영명한 마음으로 인해서 옳은 마음가짐과 바른 행동을 실천할 수 있는 의지들이 나타날 수 있다. 특히 사람의 영명한 마음은 선을 기호하려는 속성이 있다. 이와 같은 마음의 속성은 사람이 스스로를 성찰함에 있어서 긍정적인 성찰이 가능하게 한다. 악보다는 선을 기호하는 마음의 기본적인 속성은 사람이 긍정적으로 성찰할 수 있는 가능성을 보여 주는 것이다. 비록 자신을 성찰하는 과정에서 자신의 허물과 부족함을 깨닫게 될지라도 이를 변화와 성장의 밑거름이 될 수 있도록 긍정적인 자기 성찰을 할 수 있다. 이와 같이 마음속에서 긍정적인 자기 성찰을 하기 위해서는 마음을 동요하지 않는 고요한 상태로 유지하는 것이 중요하다. 그래서 다산은 사람의 감정을 다스리고 유지하는 일에 관심을 기울이며 강조하였다.

다산은 사람의 감정은 매우 다양하며 몇 가지로 구분하여 나타낼 수 없을 정도로 매우 복합적인 것으로 이해하였다. 또한 사람의 감정이 실제로 발현되지 않더라도 마음속에서 감정에 대한 지각, 사려의 작용이 일어난다고 하였다. 따라서 항상 마음의 긴장을 유지하고 조절하는 노력이 필요하다고 보았다. 이와 같은 마음의 긴장을 유지하고 조절하는 것은 마음을 다스리고 간직하는 과정에서 중요하게 작용한다. 마음의 변화와 성장을 이루어 가는 과정에서 감정의 동요나 흥분은 자기 자신을 분명하게 성찰하는 데 방해가 될 수 있다. 스스로 마음을 성찰하기 위해서는 자신의 감정을 효율적으로 조절하고 평온한 상태의 긴장을 유지하고 조절하는 것이 필요하다.

자기 성찰을 하게 되면 자신의 마음이 움직이는 방향을 알 수 있다. 마음이 움직인다는 것은 마음의 속성인 기호함의 발현으로 사람마다 기호함의 양상과 단계가 다르다고 다산은 말한다. 즉, 다산은 마음의 기호함에도 양상과 단계가 있다고 하였다. 특히 다산은 눈앞의 기호함보다는 성을 기호함이 옳다고 하였다. 이때 대부분의 사람은 성을 기호하기보다 욕이나 악을 기호하기 쉬운 존재임을 인정하며, 사람이 가진 욕구를 적절하게 다스릴 필요가 있음을 밝혔다. 사람은 마음의 욕구 사이에서 갈등할 수밖에 없는 존재이기 때문에 눈앞의 욕구에 이끌렸다고 해서 무조건 잘못된 것으로 비판받는 것은 옳지 않다. 오히려 무조건 눈앞의 욕구를 충족시키지 못하게 계속 지연시키는 것보다 적절한 욕구의 충족을 통해 점차 높은 수준의 기호함으로 이어갈 수 있도록 도와주어야 한다. 다시 말해서 마음의 욕구를 무조건 억제하기보다는 마음의 변화와 성장을 위한 원동력으로 활용해야 한다. 마음의 기본적인 욕구들을 적절히 해소해 나가면서 마음이 기호하는 양상과 단계를 높여 가는 것이 바람직한 변화와 성장의 모습이다.

사람은 마음의 속성인 기호함과 마음 주변의 욕구 사이에서 갈등하는 존재다. 갈등의 순간에 결정을 내리는 것은 바로 자기 자신이다. 사람의 마음에는 스스로 판단하여 선택할 수 있는 자주지권(自主之權)이 있기 때문이다. 어느 누구도 자신의 판단과 선택에 대해서 책임져 줄 수 없다. 단지 올바른 판단과 선택을 할 수 있도록 조언하고 격려해 줄 뿐이다. 따라서 갈등의 상황 속에서 마음의 변화와 성장을 이루기 위해서는 마음의 의지를 굳게 다져야 한다. 또한 마음의 의지가 다져진 후에도 꾸준한 노력으로 마음의 안정과 평온함이 유지될 수 있도록 하여야 한다. 다산 상담에서 상담자의 역할은 청담자들이 스스로 굳은 의지를 가지고 올바르게 판단하고 선택하여 마음을 성장시킬 수 있도록 도와주는 것이다. 직접적으로 자기 성찰의 과정에 개입하는 것이 아니라 자기 성찰을 할 수 있는 여건과 상황을 조성해 주는 역할을 하게 되는 것이다. 이와 같은 다산 상담의 특징은 현대 상담에서 이루어지는 인간 중심, 비지시적인 상담과 유사하다고 할 수 있다. 상담의 장면에서 주체는 바로 청담자이고, 상담자는 청담자의 바람직한 변화를 돕는 조력자인 것이다.

다산은 인간의 도덕적 가치로서 선과 악이란 인간과 인간의 만남이라는 사회적 현실에서 성립하는 것이라 밝힘으로써, 수양을 통해 추구하고 실현하는 최종 무대가 인간관계의 사회성 속에 있는 것이라 하였다(금장태, 2001). 우리가 자기를 바르게 성찰하고 변화와 성장의 굳은 실천 의지를 담아내는 무대가 바로 인간과 인간의 만남이 이루어지는 사회적 관계 안에서다. 그리고 모든 변화와 성장의 순간은 자기 자신을 포함한 주변 관계와의 상호작용 속에서 이루어진다. 따라서 자신의 변화와 성장은 사회적 관계 속에서 실현될 때 그 의미와 가치를 지닐 수 있다. 사회적 관계 속에서 꾸준히 자신의 모습을 비추어 보아야 자신의 변화와 성장의 정도를 진단할 수 있다. 이때 깨닫게 된 자기 마음의 모습 중에서 간직해야 할 것과 다스려야 할 것을 구분하여 받아들이고 변화할 수 있어야 한다. 다산 상담은 개인의 내면적 상담이면서 동시에 개인이 사회 속에서 바람직하게 변화할 수 있도록 도와주는 관계적 상담이라 할 수 있다. 자기 안에서의 갈등 관계와 자신과 주변과의 갈등 관계를 포괄적으로 담아내는 상담이다. 자기 성찰을 통해서 개인의 내적 변화를 가져오는 것도 매우 의미 있는 과정임은 분명하나, 다산 상담에서 보다 의미 있는 변화의 과정은 개인의 내적 변화와 더불어 개인이 사회적 관계 속에서 변화하고 주변의 관계와 함께 변화와 성장을 실현하는 것이다.

다산 상담의 주요 특징들을 정리해 보면 크게 세 가지로 구분할 수 있다. 스스로 내면을 성찰하는 것, 성찰한 마음의 기호함이 갈등할 때 바르게 선택할 수 있는 실천 의지, 마지막으로 사회적 관계 속에서 자신의 성찰한 마음을 올바르게 실현하는 것이다. 이 세 가지는 다산 상담의 주요 개념으로 다산 상담의 구체적인 방법을 구성할 때 중심이 되는 내용이다.

3. 다산 상담의 주요 개념

다산의 심성론과 수양론을 상담학적 관점에서 접근하여 다산 상담의 여러 특징들을 정리해 보았다. 특히 마음의 변화와 성장을 지향하는 측면에서 다산 상담의 주요 개념을 세 가지로 제시해 보았는데, '자기 성찰'과 '실천 의지', 그리고 '관계적 실현'이 바로 그것이다. 각 개념들은 다산의 심성론과 수양론에 포함된 의미들을 토대로 구성하였다. 이 세 가지 개념은 서로 긴밀하게 연결되어 다산 상담을 구성하게 된다. 각 개념이 담고 있는 의미를 살펴보고 구체적인 상담법으로 적용되는 과정을 살펴보자.

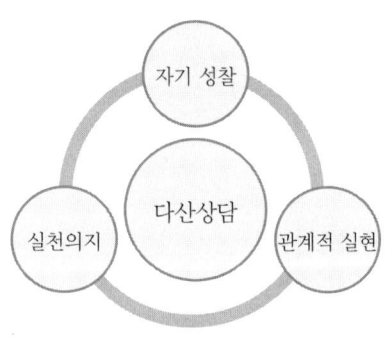

다산 상담의 주요 개념

1) 자기 성찰

자기 성찰은 다산 상담에서 가장 중요한 개념이다. 자기 성찰에 대한 기존의 일반적인 개념에 다산 상담에서 활용되는 의미들을 더하여 개념을 폭넓게 이해할 필요가 있다. 먼저 성찰에 대한 논의를 시작으로 자기 성찰에 대한 이해의 폭을 넓혀 보도록 한다. 우선 성찰한다는 것은 마음을 반성하고 살펴본다는 것이다. 이때 반성한다는 것은 잘못된 생각이나 행동에 대한 뉘우침으로 이해할 수 있을 뿐만 아니라 마음의 상태나 움직임을 진지하게 들여다보는 것으로도 이해할 수 있다. 즉 성찰한다는 것은 마음과 마음의 상태를 분명하게 깨닫는 노력이다. 그런데 이와 같은 성찰을 할 때 성찰할 수 있도록 이끌어주는 주체는 무엇일까. 바로 자기 자신이다. 원효의 유명한 일화를 통해 좀 더 자세히 살펴보도록 하자.

의상과 함께 당나라 유학길을 떠나던 중에 원효는 무덤 앞에서 잠이 들게 되었다. 잠결에 목이 말라 바가지의 물을 마셨는데, 날이 밝고 깨어 보니 간밤에 달게 마신 그 물은 해골에 고인 썩은 물이었다. 이를 본 원효는 구역질을 했지만 순간 자신의 모습을 보면서 깨달음을 얻게 된다. 원효의 깨달음이란 바로 깨끗함과 더러움이 따로 있는 것이 아니라 오로지 마음의 판단에 달려 있다는 것이다. 이는 불교의 화엄경에 나오는 '일체유심조(一切唯心造)'라는 말과 같다. '모든 것은 오로지 마음이 지어낸다.'는 말로 좋고 나쁨, 행복과 불행 등의 모든 분별과 경계는 자신의 마음에서 나오는 것이지 사물 그 자체의 속성이 아니라는 것이다.

그렇다면 이 깨달음의 순간에 가장 중요하게 작용한 주체는 무엇일까? 물론 원효가 우연히 해골에 고인 물을 마시고 괴로워하는 자신의 모습을 발견하는 것처럼 성찰의 상황이 스스로가 주체적으로 노력하여 얻어진 것이 아닐 수도 있다. 하지만 원효가 성찰할 수 있었던 가장 중요한 이유는 해골에 고인 물을 마실 수 있었던 상황 때문이 아니라, 그 상황 속에서 괴로워했던 자신의 모습을 가만히 바라보면서 스스로를 분명하게 성찰하려 했던 자기 자신 때문이다. 결국 성찰의 주체는 자기 자신의 마음이며, 성찰의 대상 역시 자기 자신의 마음인 것이다.

다산 상담에서 다루게 되는 자기 성찰의 개념 역시 마찬가지다. 자기 성찰은 자신이 주체가 되어 자신의 마음을 들여다보면서 스스로를 깨닫게 되는 것을 말한다. 특히 다산 상담에서는 스스로가 깨달은 것들이 변화와 성장을 위한 원동력이 될 수 있도록 도와주는 과정에 주목하게 된다. 분명 자기 성찰에서 깨달은 것들은 바람직한 변화와 성장을 위한 원동력으로서 충분한 가치를 지니기 때문이다.

자기 성찰이 이루어지기 위해서는 여러 요소들이 필요하다. 우선 자기 성찰을 위한 마음의 준비 과정이 필요한데, 자신을 들여다보고자 하는 관심, 욕구, 역동이 있어야 한다. 다산은 사람이 자신의 마음에 관심을 가지고 노력하는 일이 중요하다고 하면서 다산 스스로도 오랜 시간 동안 자기 마음의 문제에 집중하고 성찰하였다. 정도의 차이는 있을 수 있지만 대부분의 사람들이 자기 성찰에 대한 기본적인 관심과 욕구를 가지고 있다. 문제는 자신의 관심과 욕구가 마음속에서 움직이고 있을 때, 그 마음의 역동을 성실히 따라가는 일이 매우 어렵다는 것이다. 자기 성찰은 스스로가 자기 마음의 역동을 충분히 읽어 내고 자연스럽게 따라가는 것부터 시작한다. 자기 마음의 역동을 차분하게 읽어 내는 과정이 처음부터 쉽지는 않지만 꾸준히 관심을 가지고 삶의 순간마다 자기 마음의 상태를 차분하게 이해해 보려는 노력이 지속되면 충분히 가능할 것이다. 물론 자기 마음의 역동을 읽어 내는 이 모든 과정도 역시 자기 성찰이라 본다.

자기 성찰을 위한 준비가 되어 본격적으로 자기 성찰을 할 때 중요한 것은 자기 스스로를 객관적으로 성찰하기다. 이때 객관성은 절대적 객관성과 상대적 객관성으로 구분해 볼 수 있다. 절대적 객관성은 사회윤리적 기준에 비춘 자신의 객관성이고, 상대적 객관성은 자신의 심리적인 내적 준거에 의한 객관성이다. 상담의 측면에서 논의할 때는 절대적 객관성보다는 상대적 객관성에 근거하는 것이 바람직하다. 물론 사회윤리적인 기준에 근거해 스스로를 객관적으로 성찰하는 것도 중요하지만 자신의 심리적인 내적 준거에 의한 성찰이 마음의 바람직한 변화와 성장을 위해 보다 많은 도움을 줄 수 있다. 도덕적으로나 윤리적으로 명확한 규준 속에서 옳고 그른지를 판단하는 성찰이 아니라, 자기 내면의 기준 속에서 변화의 필요와 실천의 가능성을 깨닫는 성찰을 해야 한다.

또한 객관적으로 자신을 바라보면서 성찰할 때는 반드시 긍정적인 관점에서 성찰해야 한다. 스스로를 비판하기 위한 성찰이 아니라 변화와 성장을 위한 성찰이 이루어져야 한다. 자기 성찰이 이루어지면서 오히려 스스로를 비판하게 되고 낙담하게 되는 것은 마음의 변화와 성장에 걸림돌이 될 수 있다. 따라서 다산 상담의 구체적인 방법들은 청담자의 문제나 어려움을 부각시켜 자신에 대한 부정적 태도를 자극하기보다는, 청담자가 지닌 긍정적인 마음의 조각들을 찾아내어 큰 덩어리로 뭉쳐질 수 있도록 구성해야 한다. 물론 이 과정에서 상담자는 청담자가 자기를 성찰할 수 있도록 도와줄 뿐이며, 자신의 마음속을 분명하게 들여다보는 주체는 청담자일 것이다. 상담자는 마음의 바다를 항해하는 청담자를 돕기 위한 지도나 나침반일 뿐이며, 키를 직접 잡고 마음의 여행을 떠나는 주인공은 청담자 자신이다.

자기 성찰은 다산 상담의 과정에서 매우 중요하게 작용하며, 다른 개념인 실천 의지나 관계적 실현의 밑바탕이 되는 개념이다. 우선 자기 성찰이 잘 이루어진 후에야 마음의 실천 의지를 기를 수 있으며, 관계적 상황 속에서 실현할 수 있다. 따라서 자기 성찰을 위한 노력이 우선 되어야 하며, 다산 상담의 구체적인 방법을 구성할 때에도 이에 중점을 두었다.

2) 실천 의지

다산은 사람의 마음에는 자주지권이 있다고 하였다. 자주지권은 스스로 선택할 수 있는 능력이다. 그래서 사람은 마음이 선함을 기호하는 속성이 있다 할지라도 항상 선함을 선택하지 않을 수도 있다. 선함을 기호하는 마음의 속성과 이를 스스로 선택하는 능력은 별개의 문제로 본다. 따라서 사람이라면 누구든지 선택의 순간에 어떤 것을 선택할 것인지 마음속의 갈등이 일어날 수밖에 없다.

가령 버스나 지하철에서 노인이나 임산부가 탔을 때 자리를 양보할 것인지 아닌지를 놓고 잠시나마 고민해 본 경험은 누구에게나 있을 것이다. 움직임이 불편한 노인이나 임산부에게 자리를 양보하는 것이 마땅히 옳은 일이라고 인식하면서도, 동시에 자신도 몸이 피곤해서 앉아 있고 싶은 마음이 들 수도 있다. 이는 선함을 기호하는 마음의 속성에 대하여 자주지권으로 인해서 갈등하는 모습이다. 다산은 이를 대체(大體)와 소체(小體)의 갈등, 또는 인심(人心)과 도심(道心)의 갈등이라고 보았다. 대체를 따르는 것은 성품을 따르는 것이고, 소체를 따른다는 것은 욕구를 따르는 것으로 본다. 또한 인심은 마음의 신체적인 기질이 발현되는 것이고, 도심은 마음의 선한 도의(道義)가 발현된 것으로 본다. 사람은 대체와 소체, 인심과 도심의 사이에서 끊임없이 갈등하고 선택하게 된다.

　다산이 언급한 이 두 가지 갈등 외에도 사람의 마음속에서 일어나는 갈등의 양상은 무수히 많다. 변화와 지체, 성장과 부진, 긍정성과 부정성, 자율성과 타율성

등의 수많은 개념들은 끊임없이 내면에서 대립하고 있다. 이때 무엇을 선택하느냐는 중요한 마음의 문제다. 이 갈등의 상황에서 바르게 선택할 수 있는 능력을 기르는 것은 마음의 변화와 성장을 위한 핵심이다. 다산은 소체를 따르기보다는 대체를 따름이, 인심이 발현되기보다는 도심이 발현됨이 옳다고 하였다. 대체를 따르고 도심이 발현되기 위해서는 마음의 뜻을 굳게 하여야 한다. 마음의 뜻을 굳게 하고 스스로 선택하는 능력이 바로 실천 의지다.

오늘날 많은 사람들이 마음의 문제를 해결하기 위해 다양한 노력을 기울이고 있지만 원만하게 해결하기가 쉽지 않다. 이때 실천 의지는 마음의 문제를 해결하는 데에 도움을 줄 수 있다. 삶의 장면에서 마음의 문제를 원만하게 해결하는 사람들과 쉽게 해결하지 못하는 사람들의 가장 큰 차이는 내면의 실천 의지를 기르고 다루는 방식에 달려 있다. 대다수의 사람들이 마음속에서 일어나는 갈등의 양상을 바라볼 때, 스스로 선택해야 할 것이 무엇인지는 잘 알고 있다. 하지만 자기 내면의 욕구와 마음의 속성이 갈등하면서 선택의 순간에 쉽게 결정을 내리지 못한다. 이 결정은 다른 사람이 아닌 자기 스스로가 해야 하는 것이며 남의 도움으로는 한계가 있다. 결국 자신이 가진 실천 의지로만 해낼 수 있다.

실천 의지는 마음을 움직이는 힘이다. 마음을 움직여서 자기를 변화시키는 원동력인 실천 의지를 기르기 위해서는 먼저 자신의 욕구를 바르게 이해할 수 있어야 한다. 실천 의지는 마음의 욕구를 현명하게 다스리는 힘이기도 하다. 따라서 마음의 욕구를 바르게 이해할 수 있어야 실천 의지를 기를 수 있다. 다산은 욕구란 바른 이치를 따를 수 있으면 선을 하는 데 방해되지 않으며, 오로지 사의를 따르면 악에 빠진다고 하였다. 사람의 욕구는 사람이 살아가는 데 분명 필요한 것이며 이 욕구를 바르게 이해하고 활용할 수 있어야 한다.

사람들의 일반적인 인식 속에서 욕구는 당장의 충족 대상이기보다는 잠시 지연의 대상으로 받아들이고, 자기 욕구에 대하여 원만한 대처를 하지 못한다. 하지만 다산은 자신의 욕구를 무조건 억제하기보다는 자신의 욕구를 갈등 상황 속에서 성장을 위한 원동력으로 사용하여야 한다고 말한다. 이는 다산 상담의 중요한 방법론적 의미를 지닌다. 욕구를 바르게 이해하고 성장을 위한 원동력으로 활용하는 것은 마음의 변화와 성장을 위한 중요한 방법으로 적용 가능하다. 욕구를 다스리는 방법과 실천 의지를 기르는 방법은 9장 '자기 안에서 성찰하기'에 제시하였다.

3) 관계적 실현

다산의 심성론은 성리학의 형이상학적 인간이해를 벗어나 인간존재의 사회적 실현에 역점을 두는 실학적 인간이해로서 주목(금장태, 2001)하고 있다. 이는 생각이나 관념 속에서만 사람을 이해하는 것이 아니라 현실세계 속에 존재하는 사람을 사회적 관계를 통해서 이해해야 한다고 보는 것이다. 기존의 심성론이 개인적 차원으로 한정되었던 것에 비해 다산의 심성론은 관계적 차원으로 확장하고 있다. 이를 통해 마음의 변화와 성장은 개인적 차원을 넘어 관계적 차원에서 이루어져야 함을 알 수 있다.

또한 다산의 수양론은 심성의 능동적이고 현실적 발현을 주목함으로써 개인적 인격의 수양과 사회적 인간관계를 통한 실현(금장태, 2001)을 일관시킨다. 개인적 인격의 수양과 더불어 사회적 인간관계를 통한 실현은 다산 수양론의 실천적 특징을 잘 보여 주고 있다. 인격의 수양을 통해 스스로를 알게 되는 것만으로 그치지 않고, 성찰한 자신을 주변의 인간관계 속에서 적극적으로 실현해야 함을 강조하였다. 여기서 마음의 변화와 성장은 현실세계 속에서 적극적이며 실천적으로 이루어져야 함을 알 수 있다. 이와 같은 다산의 심성론과 수양론에 나타난 특징들을 '관계적 실현'으로 정의하고 '자기 성찰' '실천 의지'와 더불어 다산 상담의 주요 개념으로 제시한다.

우선 마음의 변화와 성장이 이루어지는 과정을 보면서 구체적으로 관계적 실현이 이루어지는 모습을 살펴보도록 하자. 마음의 변화와 성장에 있어서 가장 우선

시 되어야 할 것은 자기 성찰이다. 자기 성찰은 마음의 나침반과도 같기 때문에 자기 성찰을 통해 자신의 마음을 충분히 들여다본 후에 무엇을 변화시킬지 어떻게 성장시킬지를 생각할 수 있다. 자기 성찰을 통해 변화와 성장의 목표와 방향을 알게 되면 이를 실천하기 위한 노력이 필요하다. 이 실천 의지를 통해서 변화와 성장을 실현하는 단계에 도달한다. 변화와 성장의 실현은 개인의 내면에서뿐만 아니라 사회적 관계 속에서 통합적으로 이루어지게 되는데 이것이 바로 관계적 실현이다. 자기를 성찰하여 방향을 잡고 실천 의지를 가지고 실행하는 것만으로 그치면 이는 개인적 차원의 변화와 성장으로 그치고 만다. 보다 폭넓고 깊이 있는 변화와 성장은 주변 관계와의 적극적 상호작용을 통한 실천적 행위로 얻을 수 있다. 즉, 자기 내면에서의 변화와 성장을 넘어 자신과 주변의 관계 안에서 실현해 낼 수 있어야 진정으로 바람직한 마음의 변화와 성장인 것이다.

바람직한 관계적 실현이 이루어지기 위해서는 폭넓

고 깊이 있는 자기 성찰이 필요하다. 자기 내면에 대한 성찰이 충분히 이루어진 후에는 자신과 주변과의 관계를 성찰하는 것이 필요하다. 스스로가 바라본 자신의 마음도 중요하지만 다른 사람의 마음에 비추어 본 자신의 마음을 살펴보는 것도 중요하다. 내가 가진 거울로 비추어 본 내 모습과 다른 사람이 가진 거울에 비친 나를 비교해 보는 것이다. 단순히 비교만을 위해서가 아니라 좀 더 객관적인 성찰을 위해서다. 이것이 바로 관계적 성찰이 중요한 이유다. 관계적 실현은 자칫 자기 실현이 지나치게 자기중심적으로 이루어져 성장과 변화의 방향을 잃어버리지 않도록 중심을 잡아 주게 된다. 관계적 실현으로 주변 사람들과의 적극적인 상호작용을 통하여 자기 성찰의 바람직한 방향을 찾아가게 된다.

또한 관계적 실현은 자기 성찰을 통해 살핀 마음을 굳게 실천할 수 있도록 마음의 의지를 더욱 강하게 만들어 준다. 실천 의지에 긍정적인 자극을 제공하는 것이다. 사회적 관계 속에서 진심 어린 지지를 받고, 온

정 어린 배려를 경험하게 되면 마음의 실천 의지는 더욱 강하고 튼튼해진다. 굳은 실천 의지를 지니게 되면 주변의 어려움 속에서도 바람직한 방향으로 꾸준히 자기를 성찰해 나갈 수 있게 한다.

끝으로 관계적 실현은 사람과 사람 사이에서 계속적으로 순환한다. 나의 관계적 실현이 다른 사람에게 영향을 주고, 이는 다른 사람의 관계적 실현으로 새롭게 진행되는 것이다. 이와 같은 순환의 고리는 또 다른 고리를 만들며 점차 변화와 성장의 공동체로 변해 간다. 이는 다산 상담이 지향하는 바람직한 성장과 변화의 모델이다. 관계적 실현을 통하여 자기만의 노력으로 자신만이 변하기보다는 서로의 노력이 서로에게 힘이 되어 함께 성장하고 변화할 것이다.

9

다산의 상담법 (1): 자기 안에서 성찰하기

지금까지 제시한 다산 상담의 특징과 주요 개념을 바탕으로 구성한 다산의 상담법을 살펴보자. 다산의 상담법은 다산의 심성론과 수양론 전반에 걸쳐 나타나는 자기 성찰의 개념을 중심으로 구성하였다. 이때 자기 성찰을 크게 자기 안에서 성찰하기와 관계 속에서 성찰하기로 나누어 제시해 보았는데, 이는 관계적 실현의 개념을 반영한 것이다. 특히 이 구분은 자기 성찰의 방향이 자기 안에서 시작해 사회적 관계로 향하는 자연스러운 과정으로 제시된 것이다. 각 상담법의 명칭은 다산의 심성론과 수양론에서 추구하는 목표에 부합되도록 작성하였다. 또한 각각의 상담법에는 청담자의 입장에서 이해하기 쉽고 구체적으로 실천할 수 있는 목표로서의 또 다른 명칭을 함께 제시하였다.

다산의 상담법을 구성하는 상담학적 지식은 다산의 심성론과 수양론을 중심으로 추출하였고, 필요에 따라 다산의 여러 글이나 일화, 현대 상담학이론들을 결합하여 구성하였다. 다산 상담에서 중요하게 다루어지는 개념들 중에 현대 상담에서 다루는 내용과 공통적인 시사점이 있는 경우도 포함하고 있다. 다산의 마음에 관한 모든 연구와 현대 상담학의 모든 영역 중에서 서로 교차하는 부분을 찾아내어 마음의 변화와 성장을 돕기 위한 좋은 도구로 만들어 보았다.

필자가 제시한 다산 상담법의 구체적 방법들은 각각의 목표를 달성하기 위한 하나의 예시로서 제시하였다. 다산 상담의 주요 개념들을 중심으로 지속적인 연구를 진행한다면 각각의 목표를 달성할 수 있는 수많은 상담법을 개발할 수 있다. 향후 추가적인 연구를 통해 다산의 상담법이 보다 풍성해지기를 바라면서 필자가 정리한 다산 상담법을 살펴보도록 하자. 먼저 '자기 안에서 성찰하기'로 이는 총 5가지의 상담법으로 구분하여 정리하였다. 각각의 다산 상담법이 가지는 의미와 방법을 이해하면서 더불어 자기와 자기 삶의 장면에 비추어 적용해 보면 보다 의미 있는 경험을 할 수 있다.

1. 몸과 마음을 다스리는 다산 상담법: 바른 자세, 바른 얼굴빛 가지기

다산은 인간의 신체와 마음이 오묘하게 결합한 것으로서 현실적으로 서로 분리될 수 없는 것이라 하였다 (금장태, 2001). 몸과 마음은 서로 영향을 주고받는 유기적인 관계로 보았다. 몸이 마음에 영향을 줄 수 있고, 마음이 몸에 영향을 줄 수도 있다. 무엇이 우선하여 영향을 주는지는 중요하지 않다. 중요한 것은 몸과 마음이 서로에게 작용하여 변화를 가져오게 할 수 있다는 사실이다. 다산이 두 아들에게 쓴 편지를 보면서 몸과 마음을 다스리는 방법을 살펴보도록 하자.

몸을 움직이는 것, 말을 하는 것, 얼굴빛을 바르게 하는 것, 이 세 가지가 학문을 하는 데 있어 가장 우선적으로 마음을 기울여야 할 것인데, 이 세 가지도 못하면서 다른 일에 힘쓴다면, 비록 하늘의 이치를 통달하고 재주가 있고 다른 사람보다 뛰어난 식견을 가졌다 할지라도 결국은 발꿈치를 땅에 붙이고 바로 설 수 없게 되어 어긋난 말씨, 잘못된 행동, 도적질, 대악, 이단이나 잡술 등으로 흘러 걷잡을 수 없게 될 것이다. 이 난폭하고 거만한 것을 멀리하고 어긋난 것을 멀리하고 미더움을 가까이한다는 의미니라. 무릇 사람은 경건한 마음이 일어날 때 그 무릎이 저절로 꿇어지며, 꿇어앉은 자세를 풀면 속마음의 경건함도 역시 해이해지는 것이다. 얼굴빛을 바르게 하고 말씨를 공손히 갖는 것은 꿇어앉지 않고는 이루어지지 않는다. 이 한 가지 일에 따라 자기 스스로의 지기 (地氣)가 드러나게 되니 꿇어앉지 않을 수 없는 것이다.

〈유배지에서 보낸 편지, 박석무 편역, 2007〉

경건한 마음이 일어날 때 그 무릎이 저절로 꿇어지며, 꿇어앉은 자세를 풀면 속마음의 경건함도 역시 해이해진다는 내용은 몸과 마음을 동시에 다스리는 방식을 보여 주고 있다. 경건한 마음을 위해서는 먼저 바른 자세가 필요하며, 바른 자세를 풀게 되면 마음의 경건함도 줄어들 수 있다고 보았다. 이는 몸에서 비롯한 마음 다스리기의 중요한 의미를 담고 있다. 자세를 바르게 하거나 얼굴빛을 바르게 하는 등의 몸과 마음을 다스리는 방법은 자기 성찰의 밑거름이 된다.

자기 성찰을 위해서는 차분히 마음을 들여다볼 수 있도록 준비의 과정이 필요한데, 이를 위해서 몸을 바르게 하는 것은 매우 효과적인 방법이다. 실제로 몸을 바르게 하는 요가나 단전호흡 등을 한 후에 마음이 차분해짐을 느끼게 되는 경험들은 같은 맥락으로 이해할 수 있다. 꼭 요가나 단전호흡 등의 전문적이고 체계적인 방법을 활용하지 않아도 좋다. 대신에 스스로가 편안하게 느끼는 적절한 자세를 지속적으로 유지하는 활동이 꾸준히 이루어진다면 자기 성찰을 위한 긍정적인 도움을 얻을 수 있다. 사람마다 생각하는 몸의 자세나 태도는 다양할 수 있으며, 몸에 심한 무리를 주거나 불편함을 느끼는 자세만 아니라면 자신이 원하는 자세와 태도를 바르게 유지하면서 자기 성찰을 위한 몸과 마음의 준비를 갖출 수 있다.

몸의 자세를 취하는 것과 더불어 얼굴빛을 어떻게 하느냐는 것도 중요한 문제다. 사람의 몸 중에서 마음과 가장 밀접한 관련을 가지는 곳은 얼굴이다. 얼굴빛, 즉 표정은 사람의 마음을 그대로 보여 주는 창이다. 다산은 얼굴빛을 바르게 할 것을 충고하였다. 물론 표정이라는 것이 자기도 모르는 사이에 자신의 감정 상태가 드러날 때도 있으며, 본래 자신이 가진 개성적인 표정이 나타나기도 한다. 앞서 말한 얼굴빛을 바르게 하는 것이 광대처럼 항상 웃는 표정을 보여 주어야 한다는 뜻은 아니다. 단지 마음의 모습을 자연스럽고 차분하게 드러낼 수 있도록 자신의 얼굴빛에 관심을 기울이는 노력이 필요함을 의미한다. 특히 마음속의 움직임, 감정의 변화에 상관없이 항상 부정적이고 불편한 얼굴빛을 지속적으로 드러내는 것은 주의해야 한다. 자신의 어두운 얼굴빛은 스스로를 가라앉게 할 뿐만 아니라 함께 있으면서 지켜보는 다른 사람의 마음에도 좋지 않은 영향을 주게 된다. 따라서 하루 중에 잠시 마음의 여유를 가지고 자신의 얼굴빛을 밝고 활기차게 가꾸려는 작은 노력을 기울여 보자. 얼굴빛을 바르게 간직함은 마음의 놀라운 변화로 이어질 것이다.

다산은 몸을 움직이는 것이나 얼굴빛을 바르게 하는 것이 학문을 하는 데 있어 가장 우선해야 할 것이라 하였다. 동시에 바른 자세와 바른 얼굴빛을 갖는 것은 마음의 변화를 위한 필수조건이자, 마음의 성장을 위한 준비운동이라 할 수 있다. 바른 자세와 바른 얼굴빛을 가지도록 꾸준히 노력하여 충분히 몸을 다스렸다면 이제는 자신의 내면에 집중하여 마음을 변화시키고 성장하게 만드는 구체적인 방법을 살펴보도록 하자.

2. 감정을 다스리는 다산 상담법:
감정의 온도 조절하기

　감정은 변화의 움직임이 가장 큰 마음의 구성요소다. 감정은 주변 상황이나 자신의 심리 상태에 따라 다양하게 변화하고 외부로 빠르게 드러난다. 또한 다산이 심성론에서 밝힌 정(情)의 개념처럼 감정은 종류가 무수히 많아서 몇 가지로 규정할 수 없을 정도로 복잡한 양상으로 나타나게 된다. 이러한 감정의 속성으로 인해서 많은 사람들이 감정을 조절하는 일에 어려움을 겪고 있다. 감정의 조절이 원만하게 이루어지지 않게 되면 마음 전체가 혼란한 상태에 놓이게 되어 바람직한 마음의 변화와 성장을 이루기가 어렵다. 다산은 감정이 바르게 다스려지지 않은 상태의 모습을 아래와 같이 설명하였다.

　한번 배부르면 살찐 듯하고 배고프면 야위어 빠진 듯
　참을성이 없다면 천한 짐승과 우리 인간이 차이가 있다

고 하겠느냐? 소견이 좁은 사람은 오늘 당장 마음과 같이 되지 않는 일이 있으면 의욕을 잃고 눈물을 질질 짜다가도 다음 날 일이 뜻대로 되면 벙글거리고 낯빛을 편다. 근심하고 유쾌해하며 슬퍼하고 즐거워하며 느끼고 성내며 사랑하고 미워하는 모든 정(情)이 아침저녁으로 변하는데 달관한 사람의 입장에서 본다면 비웃지 않을 수 없는 일이다.

〈유배지에서 보낸 편지, 박석무 편역, 2007〉

감정이 아침저녁으로 변하는 모습에 대한 다산의 안타까운 마음을 느낄 수 있다. 다산은 사람의 감정이 순간의 상황에 따라 달라지기보다는 안정된 상태를 꾸준히 유지해 가는 것이 중요하다고 본다. 마찬가지로 다산 상담에서 이루어지는 자기 성찰의 과정에서도 안정된 마음 상태를 유지하는 것이 매우 중요하다. 다산이 심성론과 수양론을 통해 설명한 정에 대한 개념을 중심으로 감정의 안정된 상태를 유지하면서 바르게 조절해 가는 구체적인 방법을 살펴보자.

먼저 심성론에서 보면 다산은 영명한 마음이 정으로

발현되는 과정에 집중하였다. 다산은 마음을 삼가고 두려워하며, 긴장을 유지하는 마음의 활동이 중요하다고 보았다. 자기 스스로 마음을 바라보며 감정의 움직임을 인지하고, 감정의 변화에 주목하며 주의 깊게 바라보아야 한다는 것이다. 특히 다산은 마음속에서 감정이 발동하여 겉으로 표출되지 않았지만 이때에도 마음속에는 꾸준히 지각과 사려의 작용이 일어나고 있다는 점을 강조하였다. 따라서 감정이 표출되지 않은 상태에서도 항상 긴장을 유지하는 노력이 필요하다.

긴장이 유지된 상태로 자신의 감정을 바라보게 되면 마음속에서 일어나는 감정의 원인과 강도를 객관적으로 인식할 수 있다. 또한 지나치게 감정이 발현되는 양상을 스스로 제어할 수 있는 기회를 가질 수 있다. 더불어 감정에 대한 긴장을 유지하고 있는 상태에서는 자기감정을 긍정적으로 표현할 수 있으며 객관적으로 이해할 수 있게 도와준다. 스스로가 자신의 분노라는 감정이 어떤 상황에서 주로 발현되고, 어느 정도로 표출되는지를 미리 이해하고 있는 것은 그렇지 않은 경우에 비해서 감정 변화에 효과적으로 대처할 수 있기 때문이다. 그리고 표출된 감정에 대한 대처의 방식도 충동적이거나 자기중심적이기보다는 자신과 주변의 상황을 이해하고 배려하면서 조절할 수 있게 된다.

또한 감정에 대한 긴장을 유지하는 활동과 더불어 중요한 것은 마음의 중심을 잡는 것이다. 마음의 중심을 잡는 활동은 보다 근본적으로 감정을 다스리는 방법이다. 마음이 중심을 잡게 되면, 마음이 순간의 감정변화에 쉽게 흔들리지 않으며 평온한 상태를 유지할 수 있다. 마음의 중심을 잡기 위한 방법으로는 부동심(不動心)이 있는데, 이는 마음의 동요를 막고 중심을 확고하게 정립하는 방법이다. 먼저 마음의 의지를 굳게 하고 기운을 다스려 몸과 마음이 빠르거나 급하지 않게 한다. 몸의 기운을 다스리는 방법은 앞서 설명한 몸과 마음을 다스리는 상담법이 도움을 줄 수 있다. 마음의 기운을 다스리는 방법으로는 발현되는 감정에 거짓됨이 없이 솔직하게 인정하고 받아들이는 태도를 가지는 것이다.

단, 마음의 중심을 잡는 부동심의 방법이라고 해서 감정의 변화나 표현을 무조건 억제하라는 것은 아니다. 스스로가 자신의 감정의 변화를 분명하게 파악하고 적절하게 표현하는 것이 올바른 부동심의 방법이다. 다시 말해서 부동심의 방법은 감정을 움직이지 못하게 만드는 것이 아니라 감정의 온도를 적절하게 유지할 수 있도록 만드는 것이다. 다양한 삶의 순간 속에서 감정을 때로는 뜨겁게, 때로는 차갑게, 때로는 미지근하게 조절하면서 감정의 온도를 다스릴 수 있어야 한다. 마음속의 감정에 대한 긴장을 유지하고 중심 잡기의 노력이 꾸준히 이루어진다면 감정의 온도를 스스로 자유롭게 조절하며 감정을 다스릴 수 있을 것이다. 마치 잔잔한 바다에서 자유롭게 항해하는 배와 같이 우리도 감정을 다스리는 다산 상담법을 통하여 마음의 바다에서 자기 성찰의 항해를 떠나 보자.

3. 내면의 욕구를 다스리는 다산 상담법:

욕구를 에너지로 만들기

자기를 성찰할 몸과 마음의 기본적인 준비가 이루어
지고, 마음이 동요하지 않도록 감정을 다스린 후에는
내면의 욕구를 다스리는 활동이 필요하다. 내면의 욕
구가 원만하게 다스려지지 않으면 마음의 중심이 흔들
리며 감정을 다스리기 어려워지고, 자기를 성찰하는
데 어려움을 겪을 수밖에 없다. 따라서 자기 내면의 욕
구를 바르게 이해하고 현명하게 다스리는 방법은 매우
중요하다. 다산은 욕구를 다스리는 일을 도심의 추구
를 들어서 설명하였다.

"맹자께서 일생 동안 관찰한 것이 도심을 보존하느냐
아니면 잃어버리느냐에 있었다. 욕심이 적으면 도심도
잃는 것이 적고, 욕심이 많으면 도심을 잃는 것 역시 많
다. 군자가 엄하게 살펴야 하는 일은 오직 마음을 보존하
느냐 잃어버리느냐일 뿐이다." 君子之所嚴省者 只這存亡

而已: 『맹자요의』라고 하여 무섭게 살펴야 할 일은 마음의 보존과 잃음에 있음을 천명하였습니다. 어떻게 해야 인간이 무서운 욕심을 줄이고 도심에 가까이 갈 수 있을까요. 인간이 가야할 영원한 도정(道程)이자, 무한한 여정입니다.

〈다산 정약용의 일일수행, 박석무, 2008〉

다산은 욕심이 적으면 도심(道心)도 잃는 것이 적고, 욕심이 많으면 도심을 잃는 것 역시 많다고 하였다. 따라서 올바른 마음의 수양을 위한 도심을 보존하기 위해서는 마음의 욕심을 적게 하여야 한다. 이때 마음의 욕심은 어떻게 적게 할 것인가. 마음의 욕심은 대체(大體)를 추구하기보다는 소체(小體)를 추구하는 일이고, 도심을 따르기보다는 인심(人心)을 따르는 일이기 때문에 마음의 욕심을 적게 하기 위해서는 대체를 추구하고 도심을 따르는 삶의 자세를 가져야 한다. 마음에 있는 대체와 소체를 구분하여 대체를 마음의 중심에 두고 따를 수 있어야 한다. 또한 마음의 행함에 있어서도 도심과 인심을 구분하여 마음의 행함에 있어 도심을 따르도록 노력해야 한다. 마음의 대체를 추구하고 도심을 따르는 것이 내면의 욕구를 다스리는 최우선의 방법임을 알고, 이어서 내면의 욕구를 에너지로 바꾸어 마음의 변화와 성장을 위한 원동력으로 활용하는 방법을 살펴보자.

다산은 "욕구란 바른 이치를 따를 수 있으면 선(善)을 하는 데 방해되지 않으며, 오로지 사의(私意)를 따르면 이에 악(惡)에 빠지는 데 이른다."(금장태, 2001)라고 하였다. 다산이 설명한 욕구의 특징을 살펴보면 욕구라는 것이 무조건 불필요한 것이며, 억제해야 할 것만은 아니라는 뜻이 담겨 있다. 바른 이치를 따를 수만 있다면 욕구가 선을 하는 데 방해되지 않고, 긍정적인 작용을 할 수 있다고 보았다. 더 나아가 욕구를 사람이 살아가는 데 필요한 에너지로서 활용할 수 있게 된다. 내면의 욕구를 다스리는 다산 상담법은 도의를 추구하는 욕구를 적극적으로 계발시키고 사의를 추구하는 욕구를 적절히 통제하여 다스리는 방법이다. 욕구를 다

스려 성장과 변화의 에너지로 만드는 과정은 다음과
같다.

처음에는 자기 내면에서 올라오는 다양한 욕구를 거
침없이 살펴보는 작업이 필요하다. 욕구의 양상이나
단계, 정도를 판단하지 않고 자유롭게 꺼내 놓는 과정
이다. 자기 욕구의 브레인스토밍이 충분히 이루어질
수 있도록 넉넉하게 시간을 가지고 진행하는 것이 좋
다. 내면의 욕구를 폭넓게 살펴본 후에는 추구할 욕구
와 다스릴 욕구로 구분해야 한다. 다산이 언급한 도의
와 사의를 구분하는 작업으로 자신의 내적 준거와 일
반적인 사회적 준거를 동시에 적용하여 나누어 볼 수
있다. 물론 구분의 기준이 사람마다 다를 수 있겠지만
모든 사람이 공통적으로 생각할 것은 자신이 추구할
욕구를 구분할 때 자기 성찰의 과정에 도움을 줄 수 있
는 것으로 고려하여 구분해야 한다.

이때 사람마다 마음의 욕구를 다스릴 것과 추구할
것을 구분하는 능력이 다르기 때문에 간혹 마음속에서
올라오는 사의로 인해 어려움을 겪을 수 있다. 또한 심

신의 편안함과 눈앞의 이익을 따라가는 사의를 버리기란 쉬운 일이 아니다. 누구나 사의를 추구하고 싶은 욕구가 올라올 수 있으며 이는 사람의 마음에 나타나는 자연스러운 현상이다. 이때 지속적으로 올라오는 사의를 추구하는 욕구들을 잔잔하게 가라앉히기 위해서 다산의 수양론에 나타난 안심하기(安心下氣)의 방법을 사용하면 도움이 된다. 안심하기는 솟구치는 욕구를 잔잔하게 가라앉히고 이를 마음의 에너지로 바꾸어 주게 된다. 거친 감정이 열정으로 바뀔 수 있도록 마음의 편안함과 포용력을 길러 준다. 특히 하기(下氣)한다는 것은 마음의 기운을 잠시 가라앉히고 마음의 부드러움을 담아냄을 의미한다. 앞서 감정을 다스리는 상담법에서 적용한 부동심의 방법이 지(志)를 강하게 하여 마음의 중심을 굳게 세우도록 하였다면, 욕구를 다스리는 상담법에서 적용한 안심하기의 방법은 기(氣)를 부드럽게 하여 마음의 평온함을 가져오게 하는 것이다.

이렇게 마음의 평온함이 갖추어진 후에는 추구해야 할 욕구들이 자연스럽게 성취를 위한 자극으로 작용한다. 성취를 위한 의욕과 열정을 불러일으키게 되며, 마음의 변화와 성장을 위해 지속적으로 노력할 수 있도록 도와주는 에너지가 된다. 내면의 욕구를 자세히 살피고 나서 다스릴 것과 추구할 것으로 구분하여 각각에 대한 마음의 대처가 이루어지더라도, 결국 도의와 사의의 사이에서 갈등하는 마음은 존재할 수밖에 없다. 다산은 이 갈등의 상황 속에서 보이는 욕구들을 적절하게 활용하고자 하는 것이다. 이와 같은 마음의 욕구를 다스리는 활동은 마음의 갈등을 이겨내기 위한 실천 의지를 기르는 활동이 더해져서 바람직한 마음의 변화와 성장의 길로 들어설 수 있게 된다.

4. 실천 의지를 기르는 다산 상담법: 마음의 갈등 이겨 내기

사람의 마음에는 무한한 욕구가 존재한다. 욕구를 다스리거나 추구하는 동안에 끊임없는 갈등의 현실에

직면하게 된다. 마음의 갈등을 원만하게 이겨낸다면 내면의 고요함과 평온함을 유지하면서 깊이 있는 자기 성찰을 할 수 있다. 마음의 갈등을 이겨낼 수 있는 힘은 무엇일까. 바로 실천 의지다. 다산 상담의 주요 개념인 실천 의지는 자신의 의지에 따라 선택한 것을 꾸준히 지키고 따르는 능력으로 마음의 갈등을 이겨낼 수 있는 좋은 방법이다.

실천 의지를 기르는 방법으로 다산의 수양론에 제시된 극기복례(克己復禮)를 예로 들 수 있다. 극기복례는 갈등의 상황에 놓인 자기를 자기가 이겨내는 것이다. 다산은 "자기가 자기를 이겨야 하는 것이 모든 성인과 성왕들이 하나로 전해 온 밀부(密付)의 묘지(妙旨)요, 요언(要言)이다. 이에 밝으면 성현이 될 수 있고, 이에 어두우면 금수가 된다."(금장태, 2001)라고 하였다. 자기가 자기를 이기는 극기복례의 자세가 금수와 구별되는 성현의 모습을 갖추게 한다고 보았다. 자기가 자기를 이기게 하는 실천의지를 길러 갈등을 이겨내는 극기복례의 구체적인 방법을 살펴보자.

우선 극기복례는 짧은 시간에 쉽게 터득할 수 없다. 내면에서 갈등하는 양상을 명확하게 구분하고 냉철하게 바라보면서 꾸준히 실천 의지를 다져야만 터득할 수 있다. 오랫동안 꾸준히 노력하는 과정에서 생기는 어려움을 참고 견딜 수 있는 끈기를 기르는 것은 실천 의지를 기르는 데 도움이 된다. 또한 극기복례의 자세를 굳건히 하려면 내면에 존재하는 다양한 모습의 갈등 중에서 우선 갈등의 정도가 심하지 않은 것, 상대적으로 수월하게 실천해 낼 수 있는 것부터 이겨내는 것이 좋다. 비록 단순하고 간단한 갈등일지라도 스스로의 실천 의지를 발휘하여 마음의 갈등을 이겨낸 경험은 소중한 마음의 재산이 될 것이다. 마음의 갈등을 이겨내는 경험이 점차 쌓이게 되면 보다 복잡하고 어려운 갈등에서도 이미 굳건해진 실천 의지를 발휘하여 극기복례의 자세를 지닐 수 있다. 정리해 보면 우리의 실천 의지는 고정된 능력이 아니라 지속적으로 성장하고 발달할 수 있는 능력이다. 따라서 내면의 갈등에 대처하고 이겨내는 훈련이 꾸준히 이루어질수록 실천 의지는 더욱 굳고 단단해진다.

　때로는 삶 속에서 다양한 이유들로 인해 스스로를 이기지 못하고 마음의 갈등을 해결하지 못할 수도 있다. 중요한 것은 스스로를 이겨내기 위해서 얼마나 꾸준한 관심과 노력을 기울였느냐다. 사람은 완벽한 존재일 수 없기에 누구나 갈등의 상황에서 좌절하는 경험을 하게 된다. 다만 좌절하더라도 이내 일어서서 다시 도전할 수 있는 사람은 점차 갈등을 이겨낼 수 있는 힘, 즉 강한 실천 의지를 가지게 된다. 한편 끈기와 더불어 마음의 갈등을 이겨내기 위해 필요한 자세로서 실패의 두려움 속에서도 스스로를 이기기 위해 자신을 믿고 도전할 수 있는 '용기'가 있다.

　　용기는 삼덕(三德)의 하나다. 성인이 사물을 마음대로 활동하게 만들고 천지를 다스리는 일이 모두 용기의 작용으로 되는 것이다.

〈유배지에서 보낸 편지, 박석무 편역, 2007〉

다산은 사물을 마음대로 활동하게 만들고 천지를 다스리는 일이 모두 용기의 작용이라 하였다. 자기 내면의 갈등을 이기는 것 역시 용기의 작용을 통해 가능하다. 물론 자신을 이기는 것이 매우 힘들고 어렵다는 것은 굳이 설명하지 않아도 될 것이다. 더구나 이 힘들고 어려운 갈등의 상황을 이겨내는 데 도움을 줄 수 있는 것은 주변 어디에도 없다. 오로지 마음의 갈등을 묵묵히 이겨낼 수 있는 것은 결국 자신일 뿐이다. 아무리 주변의 환경이 갈등을 해결할 수 있도록 도와준다 하여도 결국 내 마음의 주체는 나이기에 내 안의 갈등을 이겨낼 사람은 나뿐인 것이다. 나 자신이 내 안의 갈등을 이겨낼 수 있게 도와줄 힘은 바로 용기다. 사물을 마음대로 활동하게 만들고 천지를 다스리는 일도 중요하지만 가장 중요한 것은 나를 다스리는 일이다. 이 역시 용기의 작용으로 이루어질 수밖에 없으니 마음의 용기를 강하게 기르는 일에 소홀해서는 안 될 것이다.

지금까지 살펴본 마음의 속성인 '끈기'와 '용기'를 기르는 일은 쉽지 않다. 오랫동안 공들여 실천 의지를 기르다가도 한 순간에 부너시는 경험을 할 수도 있다. 그래도 포기해서는 안 된다. 자기라는 화분에 심은 마음의 씨앗이 싹틀 수 있도록 꾸준히 물을 주어야 한다. 설령 부어진 물이 화분 밑으로 모두 빠져나가는 것처럼 보일지라도 계속 물을 주게 되면 점차 자라나는 마음의 나무를 만나게 될 것이다.

5. 자신을 발견하는 다산 상담법:
내 안의 숨은 보물찾기

다산은 사람에게 선함을 기호하는 속성이 있다고 보았다. 따라서 사람은 굳이 의식하지 않아도 마음이 선함을 향해 자연스럽게 움직이는 경험을 하게 된다. 아무리 악한 사람일지라도 삶의 구석구석을 집중하여 들여다보면 마음의 선한 속성을 발견할 수 있다. 삶 속에서 자신이 행한 선한 모습을 기억해 내고 그때의 기분과 느낌을 돌아보는 활동은 새로운 자신을 발견하게 한다. 이를 바탕으로 자신을 발견하는 다산 상담법을 구성해 보았다.

자신을 발견하는 다산 상담법은 자신의 과거 경험을 살피고 찾아내서 현재의 심리적 문제를 해결하기 위해 분석하고 처치하는 방법이 아니라 자기 안에서 선한 속성을 발견하고 밖으로 드러내 지금의 삶을 더욱 긍정적으로 살아갈 수 있도록 도와주는 방법이다. 자신이 행했던 선한 행위를 구체적으로 떠올리고, 그 당시에 선한 행위를 나타나게 했던 행동의 원동력, 원천을 찾아내어 바르게 간직하고 적극적으로 활용하는 것이다. 자신을 발견하는 다산 상담법은 실제로 적용 가능한 활동을 중심으로 구성하였다. 특히 활동 전반에 걸쳐 다산 수양론 중 마음을 적극적으로 살피고 성찰하는 경이직내(敬以直內)의 수양법을 반영하였다. 자신을 발견하는 다산 상담법은 총 6단계로 이루어지며 각 단계별로 구체적인 내용과 방법을 살펴보자.

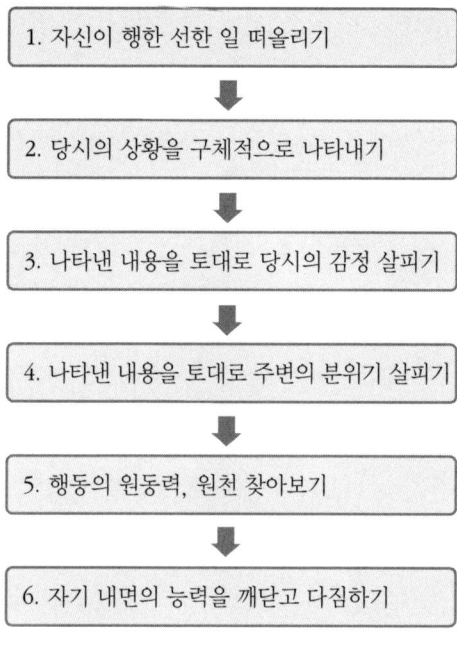

| 1. 자신이 행한 선한 일 떠올리기 |
| 2. 당시의 상황을 구체적으로 나타내기 |
| 3. 나타낸 내용을 토대로 당시의 감정 살피기 |
| 4. 나타낸 내용을 토대로 주변의 분위기 살피기 |
| 5. 행동의 원동력, 원천 찾아보기 |
| 6. 자기 내면의 능력을 깨닫고 다짐하기 |

그림 4 자신을 발견하는 다산 상담법

첫 번째 단계는 '자신이 행한 선한 일 떠올리기' 다. 이 단계에서는 자신이 행한 선한 일을 떠올리게 되는데 아주 사소한 일일지라도 가급적 자기가 직접 행한 일을 떠올리도록 한다. 충분한 시간적 여유를 가지고 꼼꼼하게 기억을 더듬다 보면 자신이 행한 선한 일을 떠올릴 수 있다. 이때 떠오르는 선한 일 중에서 가장 인상적이면서 자세하게 기억할 수 있는 일을 선택한다.

두 번째 단계는 '당시의 상황을 구체적으로 나타내기'다. 앞 단계에서 선택한 선한 일이 일어난 상황을 최대한 구체적으로 나타낸다. 당시 상황을 자세하게 기록으로 작성하여 한눈에 알아볼 수 있도록 정리하는 것이 좋다. 이 단계에서는 당시의 감정보다는 객관적인 사실을 중심으로 작성하도록 한다.

세 번째 단계는 '나타낸 내용을 토대로 당시의 감정 살피기'다. 두 번째 단계에서 구체적으로 나타낸 상황을 토대로 당시에 느꼈던 감정을 집중적으로 살피는 것이다. 선한 일을 할 때 자신의 기분이 어땠는지를 자세히 떠올려 본다. 집중하여 감정을 살피다 보면 당시의 감정이 떠오르게 되는데 두 번째 단계와 마찬가지로 자세하게 정리하도록 한다. 이때 감정의 종류뿐만 아니라 감정의 움직임에도 주의를 기울여 살펴보아야 한다.

네 번째 단계는 '나타낸 내용을 토대로 주변의 분위

기 살피기'다. 당시 자신의 선한 행동으로 인해서 주변의 분위기가 어떻게 변화되었는지를 자세히 떠올려 본다. 자신의 선한 행동으로 달라진 주변의 분위기를 살펴보고 나면 자신이 행한 선한 일의 가치를 깊이 깨달을 수 있게 된다.

다섯 번째 단계는 '행동의 원동력, 원천 찾아보기'로서 당시 자신이 그렇게 행동할 수 있었던 원동력과 원천을 찾는 활동에 집중하는 단계다. 사람마다 선한 행동을 하게 하는 마음의 원동력, 원천은 모두 같지 않다. 이는 사람마다 가진 마음의 속성이 기호하는 강점이 다르기 때문이다. 사람마다 마음의 속성이 기호할 때 주로 사용하는 강점이 다를 수는 있지만 중요한 것은 모두 선함을 향하고 있다는 것이다. 사람마다 다르지만 누구나 마음의 숨은 보물을 가지고 있음이다.

마지막으로 '자기 내면의 능력을 깨닫고 다짐하기'다. 사람들이 저마다 자신의 내면에 존재하는 선함을 기호하는 능력을 깨닫고, 구체적인 실천으로 옮겨서 자신과 주변을 변화시키려는 다짐을 하도록 한다. 이

렇게 저마다 발견한 마음의 숨은 보물은 자기 성찰을
위한 소중한 자원이 된다.

지금까지 설명한 자신을 발견하는 다산 상담법을 적
용할 때 가장 중요한 것은 자신을 발견해 가는 과정에
서 스스로에게 집중하는 상태를 유지하는 것이다. 마
음이 대상을 향하여 지향하면서 흩어지지 않고 집중
된 상태를 유지하는 경이직내의 활동은 자신의 긍정
적인 마음을 발견하는 데 도움을 준다. 많은 사람들이
자기를 성찰하면서 긍정적인 모습보다는 부정적인 모
습이 많다고 여긴다. 하지만 마음을 집중하여 자신의
내면 구석구석까지 집중하여 바라본다면 분명히 생각
한 것보다 풍성한 자신의 긍정적인 모습을 발견할 수
있다.

마음에 집중하여 긍정적인 모습을 찾아내는 것은 자
기 성찰의 중요한 과정이다. 특히 자신을 발견하는 다
산 상담법은 '자기 안에서 성찰하기'의 마지막이자 완
성이라 할 수 있다. 몸과 마음, 감정, 내면의 욕구를 차
례로 다스리면서 마음의 실천의지를 길러서 자기를 성

찰하며 새로운 자신을 발견하게 되었다. 그렇다면 이 제는 자기 안에서 성찰한 마음을 가지고 자신을 넘어 자기를 둘러싼 관계 속에서 성찰해 나가야 한다.

10

다산의 상담법 (2): 관계 속에서 성찰하기

다산은 하늘과 땅 사이에 모든 선(善)과 악(惡)은 인간과 인간이 서로 더불어 있기 때문에 일어난다고 보았다. 세상의 모든 일들이 사회적 인간관계 속에서 이루어진다는 것이다. 특히 다산은 수양론을 통해서 개인적 인격수양은 사회적 인간관계 속에서 실현되어야 함을 강조하였다. 스스로를 성찰하는 일은 자기 안에서 이루어지지만 자기 성찰로 얻은 마음의 변화와 성장의 실현은 사회적 관계 속에서 이루어지게 된다. 사람이 자기 안에서 성찰하는 것도 중요하지만 자기 성찰은 사회적 관계 속에서 실현된다는 점을 기억하고 변화와 성장의 순간에 자신과 사회적 관계를 바르게 이해하는 일에 관심을 가질 필요가 있다. 이를 위하여 관계 속에서 성찰하는 방법으로 관계의 폭을 넓혀 주는 다산 상담법과 관계의 깊이를 더해 주는 다산 상담법, 그리고 더불어 성장하는 다산 상담법을 제시해 보았다.

1. 관계의 폭을 넓혀 주는 다산 상담법: 애정 어린 시선으로 주변 살펴기

자신과 주변 사람들과의 사회적 인간관계를 바르게 이해하는 일은 매우 중요하다. 마음의 변화와 성장은 사회적 관계 속에서 실현될 때 보다 의미 있는 성찰이 이루어지기 때문이다. 우리가 살아가는 사회적 관계는 매우 복잡하기 때문에 자기를 둘러싼 주변의 관계에 대해 깊은 관심을 가지고 이해하기 위해 노력해야 한다. 그렇지 않으면 복잡한 사회적 관계 속에 매몰될 수밖에 없다. 따라서 사회적 인간관계를 바르게 이해하고 관계의 폭을 넓혀 주는 마음의 수양이 절실히 필요하다. 이를 위해 우선 다산이 설명한 인(仁)의 개념을 살펴보면서 사람과 사람의 관계에 대해 이해해 보도록 하자. 그리고 관계의 폭을 넓힐 수 있는 다산 상담법의 구체적인 내용을 살펴보자.

공자나 맹자는 인(仁)이란 인(人)이라고만 간단하게 말했을 뿐인데, 주자에 이르러 '사랑의 이치(愛之理)'니, '마음의 덕(心之德)'이라는 관렴적인 해석을 내렸습니다. 다산에 이르러 인이란 글자 모양대로 '사람(人)이 둘(二)이다.'라고 풀이하여 두 사람 사이에 '상대방으로 향한 사랑(嚮人之愛)'이라는 해석을 내립니다. 부자(父子), 형제(兄弟), 부부(夫婦), 사제(師弟) 사이에서 상대방을 향해서 베푸는 사랑, 직접 사랑하는 일이 인이라는 행위개념으로 풀이됩니다.

〈풀어쓰는 다산이야기, '인(仁)과 덕(德)',

다산연구소, 2004. 11. 22.〉

다산은 인(仁)을 글자 모양대로 '사람이 둘이다.'고 설명하였다. 덧붙여 이를 '상대방으로 향한 사랑(嚮人之愛)'이라고 해석하였다. 상대방을 향한 사랑의 마음은 부모와 자식, 형제와 자매, 남편과 아내, 스승과 제자 등 사람과 사람의 관계 속에서 상대방을 향해 베풀고 직접 사랑하는 모습으로 발현된다. 이는 자기 안의 영명한 마음이 인으로 발현하여 주변 관계 속에서 실현되는 모습이다. 상대방을 향한 사랑으로 발현된 인은 관계의 폭을 넓혀 주는 중요한 마음의 속성이며 작용 방식이다.

상대방을 향한 사랑의 인이 발현되면 주변을 애정 어린 시선으로 살필 수 있다. 애정 어린 시선으로 주변을 살피다 보면 자연스레 마음을 나누며 공감하게 된다. 애정 어린 시선으로 자연스레 나눈 공감은 자기를 넘어 사회적 관계의 폭을 넓게 한다. 그러므로 관계의 폭을 넓히기 위해서 자신의 삶 속에서 이루어지는 모든 만남의 순간을 따뜻한 마음과 애정 어린 시선으로 채워 가는 노력이 필요하다. 상대방을 향한 애정 어린 시선은 자기와 자기를 둘러싼 관계의 변화와 성장을 위한 따뜻한 햇살과도 같다.

자기와 자기가 속한 주변의 관계에 대하여 가진 애정 어린 시선은 관계를 이해하는 폭을 넓혀 준다. 애정 어린 시선은 기본적으로 부정적, 제한적이기보다는 긍정적, 확산적인 마음의 태도다. 자신과 주변의 관계를 부정적인 시선이 아니라 긍정적인 시선으로 바라보며 관계 속에서 스스로를 성찰하여 바르게 실현하는 것이다. 다산 스스로도 많은 사람들과의 관계 속에서 애정 어린 시선으로 인격적 만남을 만들어 갔다. 다산이 여러 사람들에게 보낸 편지를 보면 부모와의 관계를 따뜻하게 유지하며, 형제와의 관계를 돈독히 하고, 친구와의 관계를 깊이 있게 하기를 부탁했다. 또한 다른 사람을 도울 때는 후에 남의 도움을 바라지 않고 온전히 도와줄 것을 부탁했다. 이 모든 관계 속에는 주변을 바라보는 애정 어린 시선이 담겨 있다. 바람직한 변화와 성장을 위해서는 자기를 성찰하여 이를 실현할 사회적 관계를 보다 넓게 만들어 가는 일이 매우 중요하다. 관계의 폭은 관계를 바라보는 애정 어린 시선으로 넓혀갈 수 있기 때문에 주변의 사소한 관계에 대해서도 소홀하거나 경솔하지 않는 따뜻한 자세를 유지해야 한다.

또한 인의 개념 외에도 정(情)의 개념을 통해 관계의 폭을 넓히는 방식을 설명할 수 있다. 사람과 사람의 관계 속에서 서로의 감정을 이해하고 조절하는 일은 매우 어렵고 복잡하다. 그래서 감정을 적절히 다스리는 것이 중요한데, 앞서 감정을 다스리는 상담법에서 언급했듯이 무조건 감정의 발현을 억제하는 것이 좋은 방법은 아니다. 대신에 다양하고 복잡한 정의 마음이 작용하는 모습을 주의 깊게 살펴야 한다. 만약 다른 사람을 향한 지나친 분노나 미움의 감정이 나타나려 할 때는 차분히 가라앉히는 수양이 필요할 것이다. 부정적인 감정에 집착하여 관계를 허물기보다는 감정을 느슨하게 풀어 두어 편안함을 느끼는 상태를 유지하면서 관계를 가꾸는 것이 좋다. 다산 수양론의 부동심과 같은 상태를 유지하면 사람과 사람의 만남 속에서 보다

열정적이고 뜨거운 상태의 애정 어린 시선을 오래토록
간직할 수 있다.

한편 다산은 애정 어린 시선을 유지하는 것과 더불
어 넓은 세상을 향한 냉철한 눈을 가져야 한다고 말한
다. 다산은 중국의 정선(鄭瑄)이라는 사람의 말을 인용
하여, "뜨거운 마음으로 세상 만물의 위험과 고통을
구제해 주고, 냉철한 눈으로 염량세태(炎凉世態)를 관
찰하라."(박석무, 2005)는 말을 남겼다. 이는 사람을 향
한 시선은 뜨겁고 열정적이라 할지라도 세상을 향한
시선은 냉철하며 확고해야 함을 나타낸다. 애정 어린
시선으로 세상을 바라보는 것이 세상의 옳고 그름을
분별하는 기준조차 거슬러서는 안 된다. 세상을 향한
냉철한 눈과 애정 어린 시선을 동시에 지니게 될 때 진
정으로 의미가 있다. 애정 어린 시선이 지닌 성장의 힘
과 세상을 향한 냉철하고 확고한 시선이 지닌 변화의
힘을 마음 깊이 새기도록 하자.

2. 관계의 깊이를 더해 주는 다산 상담법: 진심으로 대화하기

영명한 마음이 발현된 양상 중에 의(意)가 있다. 의는 마음이 가진 뜻이다. 관계의 깊이를 더해 준다는 의미는 마음이 가진 뜻을 진실되게 한다는 것이다. 사람과 사람 사이의 관계의 깊이는 서로에게 마음이 가진 뜻을 얼마나 진심으로 주고받느냐에 따라 달라진다. 마음이 가진 뜻을 주고받는 과정은 다양한 방식으로 일어나지만 가장 크게 작용하는 것으로 대화를 들 수 있다. 진심으로 대화하는 것은 상대방과의 관계에서 마음이 가진 뜻을 진실되게 주고받을 수 있는 효과적인 방법이다. 다산의 사상과 삶 속에서 관계의 깊이를 더해 주는 대화의 방법을 살펴보도록 하자.

편지 글줄에서 한 자라도, 평소 주고받는 말 중에 한 마디라도 사실 아닌 것이 없도록 단단히 반성해야만 위로 조상들의 모범을 본받는 길이 될 것이다.

〈유배지에서 보낸 편지, 박석무 편역, 2007〉

먼저 다산은 대화할 때 거짓이 있어서는 안 된다고 강조하였다. 두 아들에게 보낸 편지에서 다산은 편지 글줄에서 단 한 자라도, 평소 주고받는 말 중에 한 마디라도 거짓이 있어서는 안 된다고 하였다. 다른 사람에게 보내는 편지 한 줄이라도 거짓됨이 없어야 한다는 다산의 말 속에는 사소한 일에 대한 거짓됨으로 자기 마음의 진실함을 가리는 일이 있어서는 안 된다는 뜻이 담겨 있다.

이와 같은 맥락으로 마음을 간직하는 성의(誠意), 정심(正心)의 수양법을 들 수 있다. 마음을 간직하는 성의, 정심의 수양법은 능동적 수양법으로서 주변과의 긴밀하고 진실한 관계를 맺으면서 이루어진다. 특히 성의, 정심의 수양에 있어서 가장 중요한 것은 역시 대화할 때 거짓말을 하지 않는 것이다. 거짓이 없는 태도는 자기 자신과 주변에게 진실함을 느끼게 한다. 다른 사람과 대화할 때 거짓이 없이 진심을 보이는 태도는 관계의 깊이를 더하게 하는 중요한 자기 성찰의 자세다.

자기 성찰에 있어서 얼마만큼 바람직하게 변화하고 성장하느냐의 중요한 잣대가 바로 거짓되지 않은 진실함이자, 진정성이다. 마음의 진정성이 갖춰지지 않은 자기 성찰은 아무리 노력해도 부질없게 된다. 그러므로 마음에 진정성을 담아내는 일은 자기 안에서만 그치지 말고 자기를 둘러싼 주변의 세계와 진심 어린 대화를 통하여 관계의 깊이를 더해야 한다.

거듭 당부하는 건 말조심하는 일이다. 전체적으로 완전해도 구멍 하나만 새면 깨진 항아리와 같듯이, 모든 말을 다 미덥게 하다가 한마디만 거짓말을 해도 도깨비처럼 되는 것이니 너희는 정말로 조심하라. 말을 실속 없이 과장되게 하는 사람은 남이 믿어 주질 않으며, 더구나 가난하고 천한 사람은 더욱 마땅히 말을 적게 해야 한다.
〈유배지에서 보낸 편지, 박석무 편역, 2007〉

또한 관계의 깊이를 더하기 위해 진심으로 대화하는 일은 지속적으로 이루어져야 한다. 모든 말을 다 미덥게 하다가 한마디만 거짓말을 하여도 도깨비처럼 된다는 다산의 말처럼, 관계의 깊이를 더하기 위해서는 거짓이 없고 진심을 담은 대화가 꾸준히 이루어져야 한다. 진심을 꾸준히 유지하기 위해서는 스스로가 하는 말에 대하여 마음의 긴장을 늦추지 말고 항상 주고받은 말을 차분히 되새겨 보는 자세가 필요하다. 거짓이 없는 진심을 담은 대화가 능동적이고 지속적으로 이루어지고 생활 속에서 자연스럽게 습관화가 되도록 하여 관계의 깊이를 더해 보도록 하자.

다산의 사상과 삶 속에서 관계의 깊이를 더해 주는 또 다른 대화의 방법으로 칭찬하기를 들 수 있다. 다산은 다른 사람들을 비판하기보다는 칭찬하는 것이 바람직한 대화의 방법이라고 하였다. '바위마저도 칭찬해야 한다.'는 품석정(品石亭)의 일화는 바람직한 대화의 방법으로서 칭찬하기를 잘 보여 주고 있다.

다산 정약용이 낙향해 한가롭게 지낼 때의 일화다. 다산은 친지들과 정자에 모여 술잔을 기울이고 있었다. 어떤 사람이 술이 거나해지자, "누구누구는 부끄러운 줄 모르고 권세와 명예를 거머쥐었으니 분통이 터질 일"이라고 한탄했다. 그러자 다산은 벌떡 일어나 "사람은 품평할 수 있는 것이 아니기 때문에 벌주를 드린다."고 상대에게 술을 권했다. 얼마 지나자 또 어떤 이가 "저 말은 짐도 지지 못하면서 꼴과 콩만 축내는구나."고 혀를 끌끌 찼다. 다산은 또 일어서 "짐승에게도 (말을 알아듣기 때문에) 품평해선 안 된다."며 그에게 벌주를 따랐다. 그러자 함께 자리한 사람들이 "그대의 정자에서 놀기가 참 힘들다."며 "이곳에선 입을 꿰매고 혀를 묶어야겠다."고 핀잔을 줬다. 다산은 정자 근처의 바위를 실컷 자랑한 뒤 "입을 묶어 둘 필요가 있느냐?"고 반문했다. 그러자 좌중의 한 사람이 "화낼 줄 모르기 때문에 바위에 대해서 자유롭게 품평할 수 있느냐?"고 묻자, 다산은 "저는 바위에게 칭찬만 하였지, 언제 모욕을 주거나 불손하게 말한 적이 있었습니까?"라는 말로 참된 품평은 칭찬에 있음을 강조했다.

이 일화로 이 정자는 '바위마저도 칭찬해야 한다.'는 의미의 품석정(品石亭)이라는 이름을 얻었다. 다산은 자신의 일기에서 이를 소개하며, 다음과 같은 토를 달았다. "남을 품평하는 것은 참으로 쓸모없는 일이다. 그런데도 사람들은 남을 평가하느라 많은 시간을 허비하고 있으니 얼마나 안타까운 일인가."

〈제주일보, 2006. 5. 20.〉

다산은 사람들이 다른 사람에 대하여 쉽게 비판하는 태도는 옳지 않으며, 참된 품평은 칭찬에 있음을 강조하였다. '바위마저도 칭찬해야 한다.'는 품석정(品石亭)의 자세는 사람과 사람의 관계를 보다 깊이 있게 만들어 주는 중요한 대화의 방법이다. 칭찬을 할 때는 거짓이 아닌 진심에서 우러나올 수 있도록 마음의 경계를 늦추지 않도록 주의를 기울여야 한다.

마지막으로 관계의 깊이를 더해 주는 대화의 방법으로 애정 어린 충고를 들 수 있다. 다산은 임금에게도 잘못이 있으면 드러낼 수 있어야 한다고 하였다. 자신의 권세나 사리사욕을 위해 감언이설을 일삼기보다는 공정한 마음을 유지하며 애정 어린 충고를 하도록 당부하였다. 상대방의 잘못을 일방적으로 비판하는 것이 아니라 자신의 진심을 담아서 애정 어린 충고를 한다면 상대가 스스로 자신의 잘못을 깨달을 수 있다는 것이다.

지금까지 관계의 깊이를 더하기 위한 대화의 방법을 살펴보았다. 여러 방법 중에서 무엇보다 중요한 것은 진심으로 대화하는 것이다. 진심으로 대화하기 위해서는 자기 자신과 주변 관계에 대하여 거짓이 없어야 한다. 진심으로 대화하는 태도가 갖추어지고 나면 비판보다는 넉넉한 칭찬으로 질책보다는 애정 어린 충고로 관계의 깊이를 더할 수 있다. 이 모든 방법은 마음이 가진 뜻, 의(意)를 단단하고 굳건하며 진실되게 유지하는 것을 바탕으로 한다. 마음속의 의가 굳게 지켜지고 마음과 마음이 통하여 진심이 드러난다면 사람과 사람의 관계가 깊어짐은 당연한 결과일 수밖에 없다.

3. 더불어 성장하는 다산 상담법:
변화와 성장의 공동체 가꾸기

마음은 스스로 성장하고 변화하는 힘이 있다. 자기 마음의 움직임과 변화를 느끼고 자신을 알아 가기 위

해 노력한다면 변화와 성장의 길은 누구에게나 열려
있다. 다산은 변화와 성장의 길을 혼자 걷기보다 함께
걷기를 권한다. 사람과 사람이 더불어 살아가면서 인
격적 성장을 추구하는 모습으로 변화와 성장의 공동체
를 들 수 있다. 혼자가 아닌 더불어 성장하는 다산 상
담법을 살펴보도록 하자.

마음의 성찰이 충분히 이루어지고 관계 속에서 원만
하게 실현해 가는 과정에는 성장과 변화의 즐거움이
있다. 자신이 변화하고 성장함을 스스로 바라보면서
느낀 즐거움을 주변의 누군가에게 전해 주는 것 역시
큰 기쁨이다. 또한 다른 누군가에게 보이지 않는 변화
와 성장의 원동력이 될 수 있다. 자기 성찰을 통해서
자신의 어려움을 이겨내고 변화와 성장의 힘을 얻었던
경험은 다른 누군가에게 힘과 격려가 될 수 있다. 나
자신의 변화와 성장이 다른 사람에게 긍정적인 영향을
주는 것이다. 나 자신의 변화와 성장이 내 안에서 그치
지 않고 다른 사람들에게도 변화와 성장의 기회가 될
수 있다. 따라서 혼자보다는 함께 모여서 더불어 성장

하기 위한 공동체를 가꾸는 노력이 필요하다.

변화와 성장의 공동체는 어떻게 만들어 갈까. 변화와 성장의 공동체는 특별한 사람들이 특별한 곳에서 만들어 가는 것이 아니다. 지금 내 옆에 있는 사람들과 살아가는 지금 여기가 바로 변화와 성장의 공동체가 될 수 있다. 변화와 성장의 공동체는 구체적인 활동 목표를 가지고 전문적인 과업을 수행하는 특정 집단이 아니라 심리적, 정서적으로 교감하고 나눌 수 있는 정신적 공동체를 말한다. 사람들이 모여서 서로의 변화와 성장에 관심과 노력을 기울일 수 있는 분위기가 형성된다면 더없이 훌륭한 공동체라 할 수 있다. 변화와 성장의 공동체는 누군가가 주도하여 인위적으로 만들고 운영하는 것이 아니라 사람과 사람이 모여서 자연스럽게 만들어지는 것으로, 이것을 가꾸는 일은 함께 하는 모든 이들의 몫이다.

바람직한 변화와 성장을 위한 공동체를 가꾸는 구체적인 방법으로 지속적인 만남의 관계 속에서 마음의 성장에 대한 이해와 관심을 가지고 서로 협력하고 지지할 수 있는 관계를 유지해 가는 것이 있다. 비록 변화와 성장의 주체는 자기 자신이지만 혼자가 아닌 공동체 속에서 자기를 성찰하고 관계 속에서 실현해 간다면 주변 사람들로부터 진심 어린 믿음과 조건 없는 배려를 느끼게 된다. 공동체 속에서 경험한 공감적인 태도는 사람을 뜨겁게 움직이며, 공동체를 더욱 역동적이게 한다.

또한 변화와 성장의 공동체는 자신의 가정, 직장, 학교, 동호회 등 어디에서나 가꾸어 갈 수 있으며, 내가 속한 공동체에서 함께 살아가는 많은 사람들이 변화와 성장의 동반자이기에 서로를 배려하고 진심으로 받아주고, 열정적으로 공감하는 노력이 필요하다. 자기를 돌아보고 싶은 욕구와 마음의 결심이 있다면 누구나 함께 변화와 성장의 공동체로 가꾸어 갈 수 있다. 이는 다산 상담만이 아니라 모든 상담이 만들어 가야 할 모습이다. 상담을 통한 마음의 변화와 성장은 혼자만이 느끼는 기쁨이 아닌 함께 누리는 즐거움이기 때문이다.

9장과 10장에서 자기 안에서 성찰하는 5가지 방법과

관계 속에서 성찰하는 3가지 방법을 살펴보았다. 각각의 방법은 통합해서 하나의 성찰하는 단계로 정리해 볼 수 있다. 먼저 몸과 마음을 다스리고, 감정과 욕구를 다스린 후에 마음의 갈등을 찾아 이겨낼 수 있는 실천 의지를 기르고 자신의 강점을 충분히 발견하도록 한다. 이 단계를 거치면서 자기 안에서 충분한 성찰이 이루어지고 이를 토대로 외부 세계와의 관계 속에서 성찰하게 된다. 애정 어린 시선으로 주변을 살피면서 관계의 폭을 넓히고, 진심으로 대화를 나누면서 관계의 깊이를 더해 주면서, 넓고 깊어진 관계 속에서 더불어 성장할 수 있는 공동체를 가꿀 수 있다. 이와 같은 자기 성찰의 과정은 삶 속에서 계속적으로 반복되어 이루어진다.

자기 성찰을 위한 다산 상담법은 위에 제시한 8가지의 방법이 전부가 아니다. 무한한 다산의 상담학적 지식을 지속적으로 찾아내 적용한다면 구체적인 다산 상담법은 얼마든지 보완할 수 있다. 향후 각각의 상담 방법에 대해서 지속적인 관심을 가지고 다양한 방식의 접근으로 심도 있는 연구를 계속해 나간다면 개별적인 상담 방법으로서 마음의 변화와 성장에 효과적인 도움을 주는 상담으로 태어날 것이다.

11

맺음말

지금까지 우리의 전통 사상 속에 담긴 상담학적 지식을 찾아내 현대 상담으로 새롭게 만들어 내는 과정을 살펴보았다. 특히 성리학이라는 거대한 학문 속에 담긴 수많은 지식 중에서 다산의 연구를 중심으로 상담학적 지식들을 추출하여 정리해 보았다. 다산의 심성론과 수양론을 통해 마음의 구조와 작용방식, 그리고 마음을 다스리고 간직하는 방법을 상담학적인 관점으로 이해하고, 마음의 변화와 성장에 의미를 지닌 지식들을 추출하여 다산 상담으로 구성하였다. 다산 상담의 목적, 대상, 특징을 논의하였고 자기 성찰, 실천 의지, 관계적 실현의 개념을 정리하였다. 이를 토대로 자기 성찰의 개념을 중심으로 자기 안에서 성찰하기와 관계 속에서 성찰하기로 구분하여 8가지의 구체적인 상담법을 살펴보았다.

이러한 작업을 진행하면서 다산이 보여 준 마음에 관한 지식들이 상담학적으로 매우 의미 있고 활용 가능성이 높음을 알게 되었다. 마음을 바라보는 다산의 방식은 마음의 변화와 성장을 새로운 측면에서 이해하게 하였다. 마음의 변화와 성장에 관한 다산의 생각은 상담의 영역을 폭넓게 확대하여 이해하게 하였다. 상담의 목표를 긍정적이며 성장 지향적으로 보게 하였고, 상담의 방식에 있어서 실천적인 측면으로 중요하게 강조하였다. 그리고 상담이 몇몇 개인이나 집단에 대한 제한적 차원에서 벗어나 모든 사람을 대상으로 하였고, 상담을 사람과 사람이 살아가는 모든 삶의 순간에 녹아들게 하였다.

이제는 다산과 상담의 만남으로 얻어진 변화와 성장의 에너지를 가지고 우리가 살고 있는 세상을 바라볼 때다. 우리가 살아가는 세상은 빠름과 변화의 시대다. 눈에 보이는 세상의 변화만이 아니라 그 속에서 살아가는 우리 마음의 모습도 빠르게 변화하고 있다. 빠르게 변화하는 이유조차 모른 채 빠르게 변해만 가고 있다. 이제 어떻게 해야 하는가.

느림과 성찰의 순간을 살아야 한다. 세상의 빠름과 변화에 우리의 겉모습은 빠르게 닮아가더라도 마음의 모습은 느림과 성찰의 태도로 살아야 한다. 자신의 마음을 대하는 모습이 빠르고 급하다면 마음의 깊은 곳까지 가만히 들여다볼 수 없다. 그래서 빠름과 변화의 순간을 살아가더라도 마음을 바라볼 땐 잠시 멈추고 느리더라도 가만히 들여다보는 여유가 필요하다. 그래야만 빠름과 변화의 시대에서 자신을 잃어버리지 않고 살아갈 수 있다. 비록 우리의 몸은 빠름과 변화의 시대를 살아가지만 우리의 마음은 충분히 스스로를 성찰하는 기쁨의 순간을 경험하며 살아가자.

이제 다산과 상담의 이야기를 마친다. 생각해 보면 아직도 다산과 상담을 통해 누릴 즐거움은 더 많다. 아

직 미처 살피지 못한 다산의 무한한 지식들이 남아 있
고, 바라보고 바라봐도 끝이 보이지 않는 마음의 세계
가 있다. 하지만 서두를 필요는 없다. 다산과 마음, 마
음과 상담의 길은 그치지 않을 테니….

| 참고문헌 |

고려대학교 민족문화연구원 한국사상연구소(2001). 자료와 해설, 한국의 철학사상. 서울: 예문서원

금장태(2001). 다산실학탐구. 서울: 소학사

금장태(2005). 心과 性, 茶山의 孟子해석. 서울: 서울대학교 출판부

박석무(2007). 유배지에서 보낸 편지. 파주: 창비

박석무(2008). 다산 정약용의 일일수행. 서울: 생각의 나무

박성희(2001). 상담과 상담학, 새로운 패러다임. 서울: 학지사

박성희(2007). 마음과 상담(동양상담학 시리즈 1권). 서울: 학지사

박성희(2007). 퇴계 유학과 상담. 서울: 학지사

박혜숙(2008). 다산의 마음. 파주: 돌베개

장복동(2002). 다산의 실학적 인간학. 광주: 전남대학교 출판부

정　민(2007). 다산선생지식경영법. 파주: 김영사

| 참고사이트 |

다산연구소. www.edasan.org

저자 소개

이재용

청주교육대학교 국어교육과 졸업
청주교육대학교 교육대학원 교육학석사(초등상담교육 전공)
현 충북미원초등학교 교사

[논문]
다산의 심성론과 수양론을 적용한 자기 성찰적 상담(2008)

동양상담학 시리즈 12
다산과 상담

2009년 12월 14일 1판 1쇄 인쇄
2009년 12월 21일 1판 1쇄 발행

지은이 • 이재용
펴낸이 • 김진환
펴낸곳 • (주) 학 지 사
　　　　　　121-837 서울특별시 마포구 서교동 352-29 마인드월드빌딩 5층
대표전화 • 02)330-5114　　　팩스 • 02)324-2345
등록번호 • 1992년 2월 19일 제2-1329호

홈페이지 • http://www.hakjisa.co.kr
커뮤니티 • http://cafe.naver.com/hakjisa

ISBN 978-89-6330-240-9 94180
　　　　978-89-5891-400-6 (set)

정가 7,000원

저자와의 협약으로 인지는 생략합니다.
파본은 구입처에서 교환해 드립니다.

동양상담학 시리즈

■ 마음과 상담 ①

상담은 사람의 마음을 전문적으로 다루는 활동이다. 따라서 상담자는 마음이 어떻게 생겼는지, 어떻게 작동하는지, 어떻게 변화되는지 등 마음에 대해 남다른 지식을 가지고 있어야 한다. 이 책은 마음에 대한 동서양의 관점을 살피고 이를 상담에 활용하는 전략에 대해 다룬다.

■ 불교와 상담 ②

불교에서 상담적 요소를 찾아내어 이를 현대 상담 이론과 상담 전략으로 정립하려는 노력은 꾸준히 전개되어 왔다. 이제 지금까지의 연구 결과를 종합하여 매듭을 하나 짓고 동시에 불교 상담의 미래를 전망할 시점이 되었다. 불교 상담의 어제, 오늘 그리고 내일을 조망해 본다.

■ 선문답과 상담 ③

선문답과 상담이 무슨 관련이 있을까? 이해하기도 어렵고 이해하려는 노력만으로는 절대로 풀 수 없는 선문답을 상담에 가져오는 일이 가능할까? 하지만 700여 년 이상 전개된 선문답의 역사를 들여다보면 답은 명쾌해진다. 단박에 존재의 본질을 꿰뚫고 들어가는 선문답은 실존적 상담을 이끌어 가는 중요한 실마리로서 손색이 없다.

■ 논어와 상담 ④

2,500여 년 전 공자가 제자들을 데리고 다니며 상담 활동을 전개했다는 사실을 아는가? 요즈음 말로 공자는 인생 상담에 도가 튼 분이다. 논어에 담겨 있는 공자의 지혜를 현대 상담으로 풀어 낸다.

■ 퇴계 유학과 상담 ⑤

퇴계가 정립한 조선 성리학은 사람의 마음을 살핀 심성론이다. 경을 중심으로 전개되는 심성론에는 오늘날 상담학에서 다루는 많은 지식이 아주 섬세하게 논의되고 있다. 상담자로서 퇴계의 면모를 살펴보고 그의 아이디어를 현대 상담으로 끌어와 살핀다.

■ 도덕경과 상담 ⑥

도덕경은 그야말로 상담책이라고 해도 과언이 아니다. 도덕경의 한 구절 한 구절이 모두 세상을 행복하게 살아가는 법에 대해 말하고 있기 때문이다. 삶을 소유가 아니라 누림으로 풀어 내는 노자의 혜안을 통해 행복하게 살고픈 이들을 돕는 동양의 비법을 접할 수 있다.

■ 모리타 상담 ⑦

신경증 치료를 위하여 모리타가 개발한 일본식 상담이다. 서양식 상담을 일방적으로 수입하지 않고 일본 내에서 자생적으로 성장한 상담이라는 점이 주목할 만하다. '아무것도 하지 않으면 자연적인 치유의 힘이 발동한다.' 는 원리로부터 체계적인 상담법을 발전시킨 모리타의 창의성이 돋보인다.

■ 나이칸 상담 ⑧

나이칸 상담은 모리타 상담과 어깨를 나란히 하여 세계로 수출되고 있는 일본식 상담이다. 감사하는 마음을 북돋아 일으킴으로써 청담자를 평화와 행복의 세계로 인도하는 방법을 제시하고 있다. 감사하는 마음을 일으키기 위하여 마련한 치밀한 세부 절차와 과정에서 일본 냄새가 강하게 풍기는 상담임을 느끼게 한다.

■ 동사섭 상담 ⑨

세계 상담계에 내놓아도 좋을 만한 대표적인 한국식 상담이다. 불교적인 아이디어와 서양식 상담을 절묘하게 버무려 새로운 형태의 상담을 탄생시킨 용타 스님의 혜안이 놀랍다. 짧은 시간에 많은 사람들의 메마른 감정을 휘저어 감동을 주는 동사섭의 세계를 맛볼 수 있다.

■ 고전에서 상담 지식 추출하기 ⑩

고전 서적에는 현대 상담에 엄청난 시사점을 주는 지식들이 많이 담겨 있다. 문제는 고전 속에 담긴 상담적 가치를 잘 살펴 상담 지식으로 정리하는 일이다. 이 글은 『논어』에서 상담 지식을 추출하는 과정을 상세히 진술함으로써 고전에서 상담 지식을 추출하는 하나의 모델을 제시하고 있다.

■ 한국 문화와 상담 ⑪

문화는 삶의 터전인 동시에 개인의 내면을 구성하는 힘을 소유하고 있다. 따라서 한국상담에는 한국 문화가 적절하게 반영되어야 한다. 이 글은 한국 문화의 특징을 총 15개 항목으로 제시하고 이들을 상담에 어떻게 접목할 것인지 논의하고 있다. 상담을 한국에 토착화시키려는 이런 작업이 앞으로 계속 이어지기를 기대한다.

■ 다산과 상담 ⑫

다산이 남긴 학문의 방대함은 헤아릴 수 없다. 그중에서도 마음에 관한 다산의 연구는 특히 주목할 만하다. 다산의 심성론과 수양론에서 추출한 상담학적 지식은 현대 상담학에 담아내어 활용하기에 손색이 없다. 자기 성찰의 개념을 중심으로 제시한 구체적인 다산 상담법은 현대인의 바람직한 변화와 성장에 도움을 줄 것이다.

박성희 저 / 46판 / 각권 7,000원

꾸중을 꾸중답게
칭찬을 칭찬답게

박성희 지음 | 신국판 | 204면 | 9,000원

교사와 학부모를 꾸중과 칭찬의 전문가로 거듭나게 하는 책

　꾸중과 칭찬은 교사와 학부모가 가장 많이 활용하는 교육수단으로 교육효과를 결정하는 매개과정이기도 하다. 꾸중과 칭찬을 잘하면 교육을 성공적으로 이끌 수 있는 반면, 잘못하면 교육을 망치게 된다. 꾸중과 칭찬을 다룬 여러 문헌에 실린 내용을 알기 쉽게 정리하고 상담원리가 반영된 꾸중과 칭찬 방법을 자세하게 소개한다.

동화로 열어가는 상담이야기
-수용과 공감의 지혜-

박성희 지음 | 신국판 | 272면 | 9,000원

베갯머리에서 듣던 옛날 이야기처럼 쉽게 풀어 가는 상담이야기

　재미와 이론을 함께 담은 책. 인간 변화의 원리와 전략을 쉽게 풀어놓고, 친밀한 예화를 통해 일상에서 흔히 접하는 이야기와 사건을 상담지식과 연결해 놓았다. 상담의 기본 토대인 바람직한 관계 구축을 위한 세 가지 방법, 상담자가 앞장서서 청담자를 리드하는 방법, 상담에서 활용하는 대화 방법 등에 대한 지식을 소개한다.

붓다의 심리학

붓다의 가르침과
서양 심리학의 조화로운 만남

Mark Epstein M. D. 저 | 전현수 · 김성철 공역 |
신국판 | 304면 | 15,000원

이 책은 불교가 정신치료나 상담의 한계를 보완해 줄 가능성을 살피고, 모든 정신은 명상적 자각을 할 수 있다는 것을 보여 준다. 불교와 정신치료의 두 분야를 오랫동안 병행해 온 저자 마크 엡스타인은 이 책에서 육도윤회를 심리학적인 관점에서 해석한다. 또한 심도 있는 명상을 정신역동적으로 해석하면서, 명상이 활용될 때 보다 효과적인 정신치료를 할 수 있다고 주장한다.

마음챙김 명상과 자기치유 (上, 下)

삶의 스트레스에서 자유로워지는 길

존 카밧진 저 | 장현갑 외 공역 |
신국판 | 384/352면 | 각권 10,000원

명상과 의학의 결합 그리고 명상과 과학을 흥미롭게 우리의 건강 및 삶의 질과 연관 짓는 책. 웰빙과 완전한 자기 구현을 위해 수많은 사람들이 선택한 마음챙김 명상법을 소개하고 있다. 마음챙김 명상을 통해 우리의 건강을 위협하는 삶의 스트레스에서 자유로워지는 길을 찾을 수 있으며, 인간사 전반과 통증 및 질병에도 대처할 수 있는 지혜를 얻을 수 있다. 의사, 명상수련을 전문으로 하는 종교인, 일반인들로부터 주목을 받아 왔으며, 신경정신과 전문의 등을 중심으로 실제 임상치료에 적용되고 있다.

마음이 지닌 치유의 힘

고통 속에서 의미를 찾아 극복하게 하는 안내서

Joan Borysenko 외 공저 | 장현갑 외 공역 |
272면 | 9,900원

　이 책에서 고통은 단순한 고통으로 끝나는 것이 아니라 그 고통 속에서 의미를 찾아 극복해 나갈 때 엄청난 치유의 가치가 있음을 강조하고, 고통이 성장의 촉진제인 동시에 치료제가 될 수 있음을 알려 주고 있다. 마음이 지닌 엄청난 치유의 힘을 최대한 발휘할 수 있도록 명상, 기도, 최면, 심상 등 온갖 종류의 심리적 방법을 과학적인 증거를 들어가면서 쉬우면서도 친절하게 소개한다. 미국에서 장기간 베스트셀러에 오르기도 했다.

요가 첫걸음

과학적이고 체계적으로
요가 수련을 소개하는 실습지침서

샌드라 앤더슨 · 롤프 소빅 공저 | 조옥경 · 김채희 공역 |
국배변형판 | 252면 | 20,000원

　몸과 마음이 어떻게 작용하고 있는지에 관한 원리를 충실하게 밝히면서 과학적이고 체계적으로 요가 수련을 소개하는 훌륭한 실습지침서. 내용은 물론이고 아름답고 우아한 동작을 묘사한 화보로 가득한 구성과 세련된 디자인에 절로 눈길이 간다. 요가의 어렵고 심오한 부분을 쉽고도 평이하게 소개하는 것과 더불어 요가로 몸과 마음을 단련하면서 마음과 영혼을 살찌우길 원하는 사람들을 위한 안내서로도 손색이 없다. 기본적인 내용에 충실할 뿐만 아니라, 개인적 필요에 맞는 맞춤식 요가 자세를 구성할 수 있는 방법도 제시한다.